DESCRIPTIONS *DES ARTS* ET MÉTIERS.

DESCRIPTIONS
DES ARTS
ET MÉTIERS,

FAITES OU APPROUVÉES

PAR MESSIEURS

DE L'ACADÉMIE ROYALE
DES SCIENCES.

Avec Figures en Taille-douce.

A PARIS,

Chez { SAILLANT & NYON, rue S. Jean de Beauvais;
DESAINT, rue du Foin Saint Jacques.

M. DCC. LXI.

Avec Approbation & Privilége du Roi.

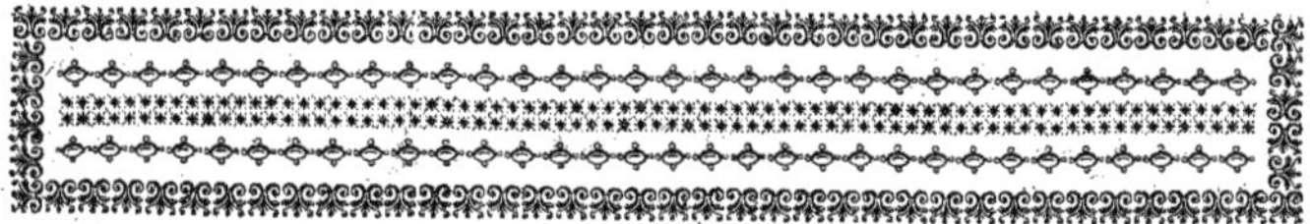

ART DE L'ÉPINGLIER.

Par M. de Reaumur. Avec des Additions de M. Duhamel du Monceau, & des Remarques extraites des Mémoires de M. Perronet, Inspecteur Général des Ponts & Chaussées (*).

INTRODUCTION; par M. Duhamel.

On sait en général que les Épingles sont des bouts de fil de métal, pointus par un bout, & garnis d'une tête à l'autre bout, & que leur usage est d'attacher de la toile ou d'autres étoffes sans les endommager, de façon qu'on puisse sur le champ & en tirant l'épingle, déployer l'étoffe & la rattacher de nouveau : les femmes en font une grande consommation, sur-tout pour leurs coëffures.

Il n'y a personne qui ne soit étonné du bas prix des épingles ; mais la surprise augmentera sans doute quand on saura combien de différentes opérations, la plûpart fort délicates, sont indispensablement nécessaires pour faire une bonne épingle. Nous allons parcourir en peu de mots ces opérations pour faire naître l'envie d'en connoître les détails ; cette énumération nous fournira autant d'articles qui feront la division de ce travail.

1°, Comme le fil de laiton se vend en botte aux Epingliers, il se trouve rarement de la grosseur que doivent avoir les épingles : il est donc nécessaire de le passer à la filiere pour le calibrer ; c'est un préliminaire que nous ne rapporterons que fort en abrégé, pour ne point trop entamer sur la Tréfilerie qui fait un Art particulier, & qui mérite d'être traité à part.

(*) On n'a trouvé dans le dépôt de l'Académie, qu'un simple projet de Mémoire sur *l'Epinglier*, fait par M. de Reaumur, & trois planches gravées, mais sans lettres de renvoi & sans explication des Figures. M. Duhamel qui s'est chargé de mettre ce Mémoire en état d'être imprimé, y a fait plusieurs additions, & a fait encore graver trois nouvelles Planches. M. Perronet a fourni aussi plusieurs Articles qui enrichissent cette description. On a cru devoir indiquer ce qui appartient à chacun de ces Auteurs, en mettant leur nom à la fin des Articles qu'ils ont fournis.

2°, Le fil qu'on livre aux Ouvriers étant ſale, il faut le *Décaper*, c'eſt-à-dire, le nettoyer, au moyen du tartre.

3°, Comme on fait des épingles de différentes longueurs & groſſeurs, les Marchands & les Fabriquants d'épingles ſont convenus de les diſtinguer par différents numéros, & par des noms qu'il eſt bon de ſavoir.

4°, Ce fil étant par écheveaux ronds ou bottes, il eſt néceſſaire de le redreſſer en le paſſant entre pluſieurs pointes de clous diſpoſés en entre-las : ceux qui exécutent ce travail, ſe nomment *Dreſſeurs*.

5°, Un Rogneur coupe les fils dreſſés par bouts ou tronçons qui doivent avoir la longueur de trois, quatre ou cinq épingles.

6°, Il faut former des pointes aux deux bouts de ces tronçons de fil, qu'on nomme quelquefois *des Moules*. C'eſt l'ouvrage des Empointeurs qui forment les pointes ſur des meules d'acier hachées en *Écouenne*.

7°, Quand les pointes ſont, pour ainſi dire, ébauchées, il faut les adoucir ſur une autre meule d'acier plus fine : c'eſt l'ouvrage des *Repaſſeurs* ou *Finiſſeurs*.

8°, Lorſque les fils des tronçons ſont appointis par les deux bouts, il faut les couper de la longueur des épingles pour en faire ce qu'on nomme *des Hanſes*.

9°, Il faut garnir de têtes ces hanſes pour achever de former des épingles : pour cet effet, le Tourneur de têtes forme une eſpece de cannetille avec un fil de laiton fin, qu'il roule ſur un plus gros fil qu'on appelle *Moule à tête*; ces fils roulés ſe nomment *des Moulées*.

10°, Quand le fil à tête eſt roulé en hélice, il faut le couper, de ſorte qu'il y ait exactement à chaque petit morceau deux révolutions de fil pour faire une tête.

11° & 12°, On doit *Brocher* ou enfiler la hanſe dans une tête, & la placer à l'extrémité oppoſée à la pointe, ce qu'on appelle *Boutter*; puis l'aſſujettir en cet endroit par de petits coups d'un poinçon qui fait partie d'un inſtrument fort ingénieux qu'on nomme *Étiquette* ou *Têtoir* : la deſcription de cet inſtrument, & la maniere de s'en ſervir ou d'entêter, forment deux articles.

13°, Il faut redonner le jaune aux épingles; quelques-unes reſtent en cet état; mais on blanchit la plus grande partie avec de l'étain.

14°, Quoique les épingles de fer ſe faſſent à peu près comme celles de laiton, il étoit bon d'en dire quelque choſe, ſur-tout ſur la maniere de les blanchir.

15°, La fabrique des épingles ſera terminée par le détail de certaines eſpeces d'épingles qu'on n'exécute pas bien fréquemment : telles ſont les épingles noircies, celles à deux têtes, celles en pincette, &c.

16°, Il faut piquer les épingles dans du papier, & les y arranger par quarterons, ce qui exige des précautions pour être fait avec précision & promptitude.

17°, L'art de l'Epinglier ne se borne pas à faire seulement des épingles; il fait encore des grilles, des portes, des agraffes, de petits clous, &c. quoique ces ouvrages ne soient pas aussi intéressants que la fabrique des épingles, nous ne négligerons pas d'en parler.

On voit que malgré le peu de cas qu'on fait communément d'une épingle, il y a néanmoins peu d'ouvrage aussi propre à faire sentir combien il importe que les Arts soient amenés à une certaine perfection : ceux qui sont le moins disposés à admirer les choses communes, ne sauroient penser à tout le travail dont nous venons de donner une légére idée, sans être surpris qu'on puisse fournir une épingle à si vil prix. Toutes ces opérations s'exécutent, à la vérité, avec une célérité merveilleuse; il y a tel Ouvrier qui fait dans un jour la pointe à plus de 72 mille épingles; un autre forme la tête, une à une, à 7 & quelquefois à 12 mille épingles; & c'est dans la promptitude de cette expédition que consiste une des perfections de l'Art.

On fait des épingles de laiton ou de fer; celles de laiton étant les meilleures, nous allons expliquer la façon de les faire : nous parlerons ensuite de celles de fer.

Maniere de Raire (*), *ou tirer à la bobine, ou de calibrer le Fil de laiton; par M. Duhamel.*

Quoique l'art de tirer les métaux & de les étendre au moyen de la filiere, doive être traité exactement, lorsqu'il s'agira des Tréfileries, & quand on décrira l'art du Tireur d'or, nous ne pouvons pas nous dispenser d'en dire ici quelque chose, ne fût-ce que pour n'omettre aucune des opérations de l'Epinglier; mais nous nous bornerons à ce qui se pratique dans ces atteliers, & nous abrégerons les détails le plus qu'il nous sera possible.

Il y a plusieurs sortes de filieres : celle dont se servent les Epingliers, est un morceau de fer plat couvert sur une de ses faces d'une lame de fer fondu; quand il s'agira des Tréfileries, nous rapporterons la maniere de faire ces filieres : dans cette regle de fer sont percés plusieurs rangs de trous *A*, *B*, (*Pl. I. fig.* 1); ces trous sont coniques (*fig.* 2), étant assez larges du côté de *C*, & beaucoup plus fins du côté de *D*, qui est la face couverte de fer fondu. De plus, ces trous du côté de *D*, sont de plus en plus menus, non-seulement, pour qu'on puisse calibrer exactement le fil & le réduire à la grosseur qu'on veut, mais encore pour qu'en passant successivement les fils dans des trous dont les diametres dif-

(*) Je crois que *Raire* est une corruption de *Traire*, Traherе : on dit, de *l'or trait.*

férent peu les uns des autres, le métal en souffre moins d'effort, & qu'il s'allonge sans se rompre. Il en est comme d'un morceau de fer qu'on frappe à petits coups pour le courber sans le rompre.

Les filieres dont on se sert à Laigle, se fabriquent aux environs: leur prix ordinaire est de 6 livres; elles servent un an, après quoi on en fait des limes à l'usage des Epingliers.

Ceux qui font les filieres, forment dans le fer la partie évasée *C*, (*fig.* 2); mais ils ne percent point entiérement la surface *D*, où les trous doivent être fins & exactement calibrés. Ces trous sont ajustés par les Tireurs; pour cela on place la filiere verticalement dans un établi de bois où on l'assujettit avec un coin, comme on le voit (*fig.* 3), & on perce ou bien on augmente les trous avec un poinçon d'acier (*fig.* 4), ainsi qu'on le voit (*fig.* 3). Les Tireurs d'or calibrent les trous de leurs filieres avec une espece d'*Alesoir* ou poinçon quarré: on passe des fils dans ces trous; on en tire des bouts avec une pince; on examine si le fil est précisément de la grosseur convenable pour faire les épingles, ce qu'on reconnoît en les passant dans la jauge (*fig.* 5), qui est faite d'un fil de fer d'environ une ligne & demie de diametre, qui est recourbé en serpentant, comme on le voit à la figure 5, de sorte que l'espace 1, soit plus menu que l'espace 2, & que l'espace 16 soit le plus grand de tous. Il faut encore que ces espaces soient proportionnés à la grosseur des épingles qu'on se propose de faire. Il est évident qu'en passant les fils qu'on veut calibrer par les espaces 1 ou 2, ou 3, ou 4, ou 5, &c. on juge aisément s'ils sont de la grosseur convenable. Ces zigzags de fil de fer sont comme autant de compas d'épaisseur.

On voit (*fig.* 3) qu'on aggrandit les trous de la filiere avec le poinçon; mais quand ces trous sont un peu trop grands, on diminue leur diametre en mettant la filiere sur un billot de bois, & frappant autour du trou avec la panne d'un marteau, & ensuite le poinçon lui donne sa rondeur.

Quand le fil est beaucoup trop gros pour l'usage qu'on en veut faire, les Epingliers le tirent à la buche; mais communément ils n'achetent pas des fils si disproportionnés de grosseur, & ils se contentent de le tirer à la bobine. Quoiqu'on fasse usage quelquefois dans les Epingleries de la buche à dégrossir nous renvoyons la description de cette machine à la Tréfilerie.

Quand la filiere est bien ajustée, le Tireur, au lieu de la position verticale qu'elle avoit (*fig.* 3), la place de champ *B* (*fig.* 6) sur une forte table *CD*, à un des bouts de laquelle vers *D*, est placé le tourniquet *A*, (*fig.* 6) sur lequel est une piece de fil de laiton, & à l'autre bout du côté de *C*, est établie une bobine *E*, qui est faite d'un morceau de bois

bois d'orme tourné, & qui eſt un peu plus large par en bas que par en haut; elle eſt traverſée à ſon axe par une broche de fer, & ſur l'aire ſupérieure eſt fermement clouée une manivelle qui eſt traverſée à ſon origine par la broche de fer dont nous venons de parler.

La filiere étant ajuſtée comme on le voit en *F* (*fig.* 6), le Tireur prend un bout de fil qui eſt ſur le tourniquet *A*, il lui fait la *Preſſure*; c'eſt-à-dire, que le poſant ſur un morceau de bois qui a de petites coches, il appointit le bout du fil avec une lime pour qu'il puiſſe paſſer par un des trous de la filiere; il l'introduit dans ce trou par le côté évaſé, & ayant tiré avec une pince ou tenaille plate qu'on nomme *Baquette*, un bout long d'environ une toiſe, il vérifie avec la jauge, ſi le fil eſt d'une groſſeur convenable; il fait deux révolutions autour de la bobine, & enfin il l'arrête à la *Porte*: c'eſt ainſi qu'on nomme un gros fil de laiton courbé qui eſt fixé au haut de la bobine.

Il eſt évident que quand le bout du fil eſt attaché à la porte, ſi on tourne la manivelle, on fait paſſer ſur la bobine tout le fil qui étoit ſur le tourniquet; mais dans ce trajet, il traverſe la filiere, il s'écrouit & diminue de groſſeur. A meſure que le haut de la bobine ſe charge, le Tireur baiſſe la filiere pour que le fil garniſſe toute l'étendue de la bobine. On met de temps en temps un peu d'huile dans les trous de la filiere, & on frotte le fil avec un guenillon imbibé d'huile, pour qu'il paſſe plus aiſément par les trous ſans ſe rompre, ce qui arrive néanmoins quelquefois quand le cuivre eſt aigre.

On eſtime que le fil s'allonge à peu près d'un tiers en paſſant par chaque trou: rien n'eſt plus incertain; car cela dépend de la proportion qu'il y a entre la groſſeur du fil & le diametre du trou de la filiere; auſſi les Tireurs ſe reglent-ils ſur la groſſeur du fil, & non pas ſur ſon allongement.

Quelques-uns prétendent qu'il faut commencer par paſſer le fil à rebours en l'enfilant dans la filiere par le côté étroit du trou *D* (*fig.* 2), afin, diſent-ils, de le ratiſſer & de l'éclaircir, & qu'enſuite on le repaſſe dans l'autre ſens par les mêmes trous de la filiere; de ſorte que cette ſeconde fois il entre par le côté évaſé de la filiere, ce qui le polit; mais quand le fil a été *avivé* ou *déroché*, comme nous le dirons dans la ſuite, il ſe polit & ſe brunit en quelque façon dans la filiere, & on eſt diſpenſé de le paſſer à rebours.

Si le fil eſt deſtiné pour faire le corps des épingles, on le nomme *fil à moule*, & celui qui eſt deſtiné à faire les têtes s'appelle *fil à tête*; celui-ci eſt beaucoup plus fin que l'autre, puiſque pour certaines eſpeces d'épingles qu'on nomme *des quatre*, il faut 30 livres de fil à moule, & ſeulement quatre livres de fil à tête. Le fil tiré & réduit à la groſſeur convenable eſt porté à la Fabrique par pieces qu'on nomme *de l'ouvrage*.

Remarques de M. PERRONET.

1°, L'ÉTABLI *C D* (*Pl. I, fig. 6*), eſt de bois de chêne, il a 3 pouces d'épaiſſeur ſur 4 pieds 9 pouces de long, & un pied & demi de largeur. Cette table eſt placée ſur quatre pieds *G* qui élevent ſon deſſus de deux pieds un pouce au-deſſus du terrein.

2°, Deſſus cette table, au bout *C*, eſt une bobine *E*, quelquefois de buis, qui a 6 pouces de diametre par le bas, 5 par le haut ſur 8 pouces de hauteur; elle a en bas un rebord d'un demi-pouce de largeur, qui fait une ſaillie de 4 lignes. Cette bobine eſt percée dans ſon axe d'un trou qui a 13 lignes de diametre par en bas; & à un pouce de hauteur il eſt réduit à n'avoir plus que 10 lignes de diametre.

3°, Au haut de la bobine eſt une manivelle courbe de fer plat, dont l'épaiſſeur eſt de 3 lignes, & la largeur d'un pouce; elle a 10 pouces de coude ou de levier; la fleche de la courbure eſt de 3 pouces. Cette manivelle s'élargit par un de ſes bouts pour former une plaque ronde de 3 pouces de diametre; cette plaque eſt percée de trous pour recevoir des clous qui l'aſſujettiſſent fermement ſur l'aire ſupérieure de la bobine; elle eſt de plus percée dans ſon milieu d'un trou de 7 lignes de diametre, pour laiſſer paſſer l'extrémité d'une broche, dont nous parlerons dans un inſtant. A l'autre bout de la manivelle ſe trouve une tige de fer de 8 lignes de diametre élevée perpendiculairement, & fixée deſſus; elle a 9 pouces de hauteur. Dans cette tige on paſſe une poignée de bois qui a 8 pouces de hauteur & 2 de diametre; elle ſert à faire tourner la manivelle que les Ouvriers appellent *Nille*.

4°, On fait paſſer dans la bobine *E* un axe de fer qui n'a que 9 lignes de diametre dans le milieu; mais au bas juſqu'à deux pouces de ſa hauteur, il a un pouce, & il eſt reçu dans un trou de même diametre, pratiqué dans l'axe de la bobine; ce renflement ſert à élever la bobine d'un pouce au-deſſus de la table; enfin l'extrémité ſupérieure de cet axe, dans la longueur ſeulement d'un pouce, eſt réduite à 6 lignes de groſſeur, & cette partie eſt reçue dans l'œil de la plaque de fer qui eſt au bout de la manivelle. Cet axe a 16 pouces de longueur, dont 10 s'élevent au-deſſus de la table, 3 qui doivent être gros en quarré de 15 à 18 lignes, traverſent l'épaiſſeur de la table, & il excede le deſſous de la table de 3 pouces; à cette partie eſt une mortaiſe dans laquelle on frappe une clavette pour qu'il ſoit aſſujetti bien ſolidement.

5°, Sur le même établi en *B*, s'élevent des broches de fer qu'on nomme *Affiches*; elles ont 18 lignes de large ſur 8 d'épaiſſeur; elles doivent être éloignées l'une de l'autre de l'épaiſſeur de la filiere.

6°, A côté & en dehors de la table, eſt un pieu *H* qui entre dans la terre & qui eſt attaché à la table avec une corde ; ſa hauteur eſt déterminée par celle de la table qu'il doit un peu excéder ; il eſt ordinairement rond & quelquefois quarré, & en ce cas, il a 4 pouces ſur 5. Sur l'aire de ce pieu, qu'on nomme *Bat-filiere*, ſont creuſées une ou deux rainures d'un pouce de largeur ſur un quart de pouce de profondeur, dans leſquelles on met la filiere quand on la veut battre.

7°, Sur la table s'éleve, à 4 pouces de hauteur, une cheville I, d'un pouce de diametre qu'on nomme *Etibot*; elle ſert à faire la preſſure du fil. Cette cheville eſt entourée d'une calotte de chapeau qui reçoit la limaille & les courtailles qui ſe vendent ſur le lieu aux Fondeurs 18 ſols la livre.

8°, Au bout oppoſé *D*, eſt un tourniquet *A*; le plateau d'en bas a 10 pouces de diametre, 6 lignes d'épaiſſeur ; le plateau d'en haut n'a que 5 pouces de diametre ; les fuſeaux, au nombre de 5 ou 6, ont 6 lignes de diametre & 9 pouces de longueur. L'axe vertical eſt reçu dans des trous qui ſont au milieu des plateaux ; le trou du plateau d'en bas eſt de 10 lignes, & celui d'en haut de 7.

9°, Sur la table eſt un petit pot de cuivre dans lequel on met de l'huile ; on en emploie peu, parce qu'elle ternit la couleur du cuivre.

10°, Cet établi garni d'une bobine, d'un tourniquet, une filiere, une lime, un marteau, une petite tenaille, 3 poinçons & une jauge, coûtent à peu près 24 livres.

11°, Les Tireurs font paſſer par les trois premiers trous de la filiere 15 livres de laiton en douze heures de travail ; par les trous plus fins, ils n'en font paſſer que 10, parce que le fil a pris plus de longueur. On peut eſtimer qu'un Ouvrier, l'un dans l'autre, tire 12 livres de fil, qu'on paie à peu près à raiſon d'un ſol par livre ; mais il faut qu'il s'entretienne d'outils, le Maître ne lui fourniſſant que la gravelée ; & l'entretien des outils diminue ſon profit d'un tiers.

12°, M. Perronet a éprouvé qu'un bout de fil de laiton, tel qu'il arrive de Suede, & de la groſſeur d'une bonne aiguille à tricotter, ayant trois pieds 8 pouces de longueur, peſe 5 gros ½. Après avoir été éclairci & avoir paſſé par un premier trou de la buche à dégroſſir, il s'eſt trouvé avoir 5 pieds 5 pouces de longueur ; ainſi il a alongé de 21 pouces dans cette opération.

Au deuxieme trou, il s'eſt trouvé avoir 7 pieds 2 pouces, ce qui eſt 21 pouces de longueur de plus qu'il n'avoit en ſortant du premier trou.

Au ſortir du troiſieme trou, il a eu 7 pieds 8 pouces, ou 6 pouces plus qu'au ſortir du ſecond.

On le recuit, & au ſortir du quatrieme trou à la bobine, il a eu 10 pieds 8 pouces de longueur, & il s'eſt alongé de 3 pieds.

Au cinquieme trou, il a acquis 13 pieds un pouce de longueur; ainsi il s'est alongé de 2 pieds 5 pouces.

Au sixieme trou, il a eu 16 pieds 8 pouces; ainsi il s'est alongé de 3 pieds 7 pouces.

Enfin, ayant fait passer ce même fil par 6 autres trous, il a acquis 144 pieds de longueur.

On ne peut tirer de cette expérience une proportion exacte de l'alongement du fil, proportionnellement au nombre des trous, parce que les diametres de ces trous ne sont pas déterminés suivant quelques rapports constants. Il faut se contenter de savoir ce que fournit l'expérience.

13°, Quand le fil est gros, les Ouvriers tournent la manivelle plus lentement que quand le fil est fin, parce qu'il faut employer plus de force.

Choix du Fil de laiton & de fer; par M. de Reaumur.

Le cuivre rouge n'est pas propre à faire des épingles; elles n'auroient pas assez de dureté. Le laiton qui est un composé de cuivre & de pierre calaminaire, est plus roide, comme sont presque tous les métaux où il y a de l'alliage. Les trous par où les Tireurs font passer le laiton pour le réduire en fil, contribuent encore à le rendre plus ferme; ses parties se rapprochent; son tissu en devient plus serré: ceux qui connoissent le mieux ce métal, sont cependant encore surpris que sa dureté devienne assez grande pour que des épingles très-fines résistent autant qu'elles font sans se plier.

Nos Epingliers achetent à Rouen la plus grande partie du laiton qu'ils employent, & qui vient d'Allemagne; car nos mines de cuivre ne fournissent presque rien au Royaume. Ce fil est en bottes ou en gros écheveaux (*Pl. III*, *fig.* 8) d'environ 20 pouces de diametre. Chaque botte est composée de 50 ou 60 écheveaux plus petits appellés *Pieces* (*fig.* 10). Le fil de différentes bottes est de différentes grosseurs; les Epingliers achetent le plus gros pour les plus grosses épingles; mais à Laigle & dans les meilleures Fabriques, ils le prennent toujours plus gros que les épingles qu'ils veulent faire; ils se réservent à le faire passer par quelques trous de filiere pour le bien écrouir.

Ils choisissent celui qui est de couleur blonde, qui ne paroît point pailleux ni mordu des tenailles de la Tréfilerie. Celui qui vient de Hambourg (*Pl. I*, *fig.* 9) est regardé comme le meilleur: ils mettent immédiatement après celui qu'on tire de Suede, & qui est marqué à l'*X* (*fig.* 10): ils estiment, mais un peu moins, le fil à l'Arbre (*fig.* 11), qui vient du même pays; & le fil à trois Couronnes (*fig.* 12), qui vient de Nuremberg: ils mettent au même rang le fil de Hesse (*fig.* 13), & le fil de Namur (*fig.* 16), qu'ils achetent à Paris; mais ils regardent comme les

les plus mauvais, les fils marqués à l'M (*fig.* 14) & à l'Araignée (*fig.* 15). J'ignore quelle est la qualité du fil de laiton qui vient de la Suisse.

Quand ces bottes viennent de chez le Marchand, leur couleur les feroit plutôt prendre pour du fil de fer que pour du fil de laiton, tant elles sont noires ; c'est le dernier recuit qui les a ainsi noircies.

Additions de M. DUHAMEL.

On parlera ailleurs de la façon de changer le cuivre rouge en cuivre jaune ; il suffit pour le présent qu'on sache en gros qu'on fond le cuivre rouge avec la calamine qui est la mine du zinc : le cuivre rouge augmente de poids proportionnellement à la quantité de zinc qu'il prend dans la calamine, & il en devient d'autant plus dur ; c'est pourquoi dans le choix du fil de laiton, les Epingliers rejettent celui qui a une couleur rouge, parce que n'étant pas assez allié, il est trop mou.

La roideur des épingles vient encore, comme le dit M. de Reaumur, de ce qu'on écrouit le fil en le passant à la filiere plusieurs fois ; mais il faut que ce soit sans le recuire. Les Tireurs sont toujours empressés de recuire leur fil afin d'éviter de le rompre ; & quand il a passé dans trois trous, ils le font recuire : mais comme on peut le menager en le passant successivement dans des trous dont le diametre diminue peu, il est à propos de prendre ce parti, sur-tout pour les épingles fines qui plieroient comme du plomb, si elles n'étoient pas bien écrouies. Cet article importe donc beaucoup à la bonté des épingles, & c'est ce qui nous a engagés à dire quelque chose de la façon de tirer le fil à la filiere. Les bons Epingliers ont en vue de bien écrouir leur fil de laiton quand ils l'achetent toujours plus gros que les épingles qu'ils se proposent de faire ; sans cela ils épargneroient une opération en achetant le laiton précisément de la grosseur qu'il doit avoir ; mais ils évitent de le prendre trop gros pour ne point augmenter inutilement les frais, & faire ensorte qu'il soit suffisant de le tirer à la bobine par quelques trous de filiere.

L'Epinglerie fait une grosse consommation de laiton, parce que les épingles se perdent, & que l'on jette toutes celles qui se courbent ; on ne s'avise point de mettre à la fonte les vieilles épingles, comme on fait les batteries de cuisine usées. On estime qu'il se vend à Paris tous les ans pour cent cinquante mille livres d'épingles. Quelques-uns prétendent que cette estimation est foible.

A l'égard du fil de fer, il faut prendre garde qu'il ne soit pailleux ; & en passant le fil entre les doigts, on ne doit point sentir de pointes qui les piquent. En général, le fil de Normandie est plus estimé que celui d'Allemagne, soit pour les épingles de fer, soit pour les clous, soit pour les agraffes, les aiguilles à tricotter, &c. C'est pourtant souvent celui d'Allemagne que les Epingliers emploient, parce qu'il leur coûte un peu moins.

Maniere de décrasser le Fil de laiton; par M. DE REAUMUR.

LES Epingliers commencent par décrasser leur fil. Pour cela, ils séparent (*Pl. II.*) la botte *fig.* 8, en toutes les pieces ou petits écheveaux, dont elle se trouve composée; ils tordent ensuite chaque piece par le milieu; ils lui donnent la figure d'un 8 de chiffre *fig.* 9; ils plient ce 8 en deux, & réduisent ainsi la piece à n'avoir qu'un quart du diametre qu'elle avoit; ils en forment donc de petites pieces (*fig.* 10) qu'ils mettent ensuite les unes sur les autres dans une chaudiere de fer *b* (*fig.* 1) pleine d'eau claire, dans laquelle ils jettent cinq quarterons de gravelée rouge (*) ou une livre de gravelée blanche, pour environ 60 ou 80 livres de fil. Alors l'Ouvrier les retire une à une: à mesure qu'il a tiré une piece, il la prend à deux mains & la frappe à diverses reprises sur un billot de bois *a* (*fig.* 1). Le sel de la gravelée a corrodé une partie de la crasse; les coups que l'Ouvrier donne contre le billot, achevent de la détacher. Après avoir ainsi donné une couleur jaune à ses piéces, l'Ouvrier les remet dans la chaudiere & dans la même eau. Pour faire agir plus efficacement cette eau empreinte de sel, il la fait bouillir pendant une heure ou environ; il tire ensuite ses pieces de l'eau, & les bat contre le billot comme la premiere fois; elles prennent dans cette derniere façon une couleur plus brillante & plus jaune: on a fait à peu près ce qu'on fait à l'argent & au cuivre lorsqu'on les déroche.

Remarques de M. PERRONET.

1°. La livre de fil de laiton de Suede qu'on achete à Rouen, coûte, rendu à Laigle 26 sols 2 deniers. Le fil de laiton d'Allemagne qui se tire d'Aix-la-Chapelle, & s'entrepose à Paris, coûte rendu à Laigle 26 sols 9 deniers; ainsi il est un peu plus cher que celui qu'on tire de Rouen: cette raison fait donner la préférence à celui-ci, qui, d'ailleurs étant plus ferme, fait de meilleures épingles. En temps de guerre, les Epingliers sont souvent forcés d'employer le fil d'Allemagne.

2°, Un peu de différence sur la grosseur du fil, n'en fait point sur le prix.

3°, Les Eclaircisseurs, pour ménager la gravelée, commencent par mettre

(*) Ce que les Epingliers appellent de la *gravelée*, est la gravelle ou le tartre crud qui s'attache à l'intérieur des futailles. Il y a du tartre blanc & du tartre rouge, relativement à la couleur du vin qui l'a fourni. On sait que ce sel du vin est acide, & pour cette raison capable de dissoudre les métaux imparfaits tels que le cuivre & l'étain.

Quand même le fil qu'on passe à la filiere, ne seroit pas destiné à faire des épingles, il conviendroit de le décrasser avec la gravelée pour ôter le noir du recuit avant de le tirer; car la pellicule de cuivre brûlé qui couvre celui qu'on a exposé au feu empêcheroit le fil de bien couler dans la filiere. Quelques Tireurs, comme nous l'avons dit, le passent au rebours; mais il vaut mieux suivre le procédé qu'indique M. de Réaumur.

leurs pieces de fil dans de la lie de bierre qui tient lieu de celle de vin qui est rare en Normandie ; ensuite on fait bouillir le fil dans le tartre, comme le dit M. de Reaumur, & on finit par le laver dans plusieurs eaux claires.

4°, Le travail des Eclairciffeurs ne laisse pas d'être pénible ; car il faut battre le fil fort long-temps, & souvent avec force. Leur usage est de donner trois petits coups & ensuite un fort.

5°, L'Eclairciffeur ne travaille à cette besogne qu'une heure, pendant laquelle il éclaircit une botte de laiton de 25 à 30 livres ; ensuite il passe cette quantité de laiton à la filiere, ce qui le repose ; & comme, pour passer 15 livres de laiton par trois trous, il faut un jour, une demi-heure suffit pour éclaircir le laiton qu'on peut tirer en un jour.

6°, Quand l'eau dans laquelle on lave le fil, reste bien claire & bien nette, on passe les pieces dans un morceau de bois *F* (*fig.* 10) qu'on supporte sur le dos de deux chaises pour les faire secher au soleil ou au feu quand le ciel est couvert. Il faut de temps en temps tourner les pieces sur la perche qui les soutient ; car si l'eau séjournoit en une partie, le fil seroit taché : il ne faut avoir recours au feu que dans le besoin ; car le fil prend une plus belle couleur au soleil : il est important de bien sécher le fil pour lui faire prendre une belle couleur.

Maniere de calibrer le Fil de laiton ; par M. DE REAUMUR.

LE FIL étant décrassé, on le tire par des filieres disposées sur un établi, comme nous l'avons suffisamment expliqué. Quand le gros fil a passé par deux trous, on le recuit à un feu de bois. Le chêne est le seul qu'on évite de brûler ; sa chaleur est trop vive, & le fil en devient plus aisé à rompre ; mais ce qui le rendroit encore plus cassant, ce seroit de le retirer du feu avec quelque instrument de fer : on sait combien le seul attouchement du cuivre aigrit le fer chaud, & que l'effet est réciproque. On laisse refroidir le fil ; on le met ensuite tremper dans de l'eau, où on jette la même dose de gravelée dont nous avons parlé ci-dessus ; on répéte aussi en entier les mêmes opérations. On continue à tirer le fil si on veut le rendre plus fin, & toujours au sortir de 2 ou 3 trous on le recuit, & on lui rend la couleur que le feu a obscurcie ; car il faut que le fil ait tout le brillant qu'il peut avoir quand on commence à le travailler en épingles.

Distinction des Epingles de différentes grosseurs, par numéros ; par M. DE REAUMUR.

LES Epingles de différentes grosseurs sont appellées du nom d'un certain numéro, excepté les plus grosses & les plus longues qu'on nomme *du housseau*. Ces dernieres servoient sur-tout à tenir les robes des Dames troussées, lorsqu'il n'étoit pas de mode de les porter longues. Les plus grandes de cette espece ont environ 23 lignes de long ; le millier pese avec le papier deux livres ; on les appelle *du grand housseau* ; il y en a du médiocre & du petit : on en fait dont le millier pese 20 onces, 18 onces, 16 onces, 12 onces, & qui sont plus courtes à proportion. Il y en a de celles-là qui n'ont que 16 à 17 lignes de longueur & même moins (*Pl. II, fig.* 24). Pour toutes les autres épingles, la maniere la plus ordinaire de les distinguer est de les nommer par des numéros ; & celles qu'on fait ordinairement, sont comprises entre le numéro 18 & le numéro 3 ; celles d'un plus haut numéro sont les plus longues & les plus grosses ; c'est-à-dire, que l'épingle du numéro 18 est plus longue que celle du numéro 17 ; chaque numéro met une différence de longueur d'une demi-ligne ou un peu moins ; car celle du numéro 3 n'a que 8 lignes. Le poids de leur millier differe aussi. La table suivante marque le poids qu'on donne communément au millier d'épingle de chaque numéro.

Le millier de celles	onces	gros.	den.
du N° 1 pese	0	6	
du N° 2. .	1		
du N° 3. .	1	2	
du N° 4. .	2		
du N° 5. .	2	4	
du N° 6. .	3		
du N° 7. .	4		
du N° 8. .	4	4	
du N° 9. .	5	2	
du N° 10. .	6		
du N° 12. .	6	2	2
du N° 14. .	8		
du N° 17. .	10	2	3
du N° 18. .	11	2	

On fait passer par plus de trous de la filiere, le fil qui doit faire les plus petites épingles ; on ne donne, par exemple, que deux trous à celui qui est destiné au n° 17 ; on en donne trois aux fils pour les numéros 16, 15, 14, 13, 12, 11, 10 ; on en donne 4 aux fils pour les numéros 9, 8, 7 ; on en donne 5 pour les numéros 6, 5 ; on en donne 6 pour les numéros 4 . 7, & jusqu'à 9 pour le numéro 3, dans la vue qu'ont apparemment les Epingliers d'écrouir ou durcir davantage, le fil qui est destiné aux plus petites épingles ; car ils pourroient acheter chez les Marchands du fil plus fin. Il est vrai que le fil plus fin a été tiré dans d'autres atteliers ; mais peut-être ont-ils l'expérience que leurs especes de lessives de gravelée contribuent à l'affermir. Ils passent pourtant par trois trous

trous le houſſeau, quoique plus gros que le numéro 18 qu'ils ne paſſent que par deux trous; mais c'eſt que le grand houſſeau eſt auſſi beaucoup plus long à proportion que cette eſpece d'épingle.

Additions de M. DUHAMEL.

DANS les tréfileries on recuit fréquemment le fil pour qu'il ne rompe pas; & afin d'avancer l'ouvrage, on le fait paſſer par des trous dont le diametre diminue aſſez conſidérablement : au contraire ceux qui tirent le fil dans les fabriques d'épingles, doivent éviter, le plus qu'ils peuvent, de le recuire fréquemment; & afin qu'il ne rompe pas dans la filiere, il eſt à propos de le faire paſſer par un nombre de trous qui diminuent peu de diametre, c'eſt pourquoi il y a des Epingliers qui font paſſer le fil pour numéro 6, dans neuf trous de filiere. Il faut ſur-tout que les épingles fines ſoient bien écrouies, ſans quoi elles plieroient, & on ne pourroit s'en ſervir pour attacher.

On trouvera à la fin de ce Mémoire une table des longueurs & du poids des épingles faite par M. Perronet ; elle eſt plus détaillée que celle de M. de Réaumur, & je la crois plus exacte. Quoique l'uſage, dans les Manufactures, ſoit de diſtinguer les épingles par numéro, à peu près ſuivant la table de M. de Réaumur, on a cependant déſigné quelques eſpeces par des noms particuliers qu'il eſt bon de faire connoître.

La plus petite eſpece d'épingles eſt *la Roſette* ou *Demoiſelle* qui n'a que 5 lignes de longueur : leur uſage eſt d'attacher les toiles extrêmement fines & la mouſſeline. Le *petit Camion* a 6 lignes de longueur.

Le *gros Camion* a 7 à 8 lignes : elles ſont fort menues, & par conſéquent légeres; car entre les épingles de même longueur, il y en a de groſſes & de fines, ce qui produit les différences qu'on pourra remarquer entre la table de M. de Réaumur & celle de M. Perronet.

Les groſſes épingles ſe nomment *Houſſeau* : le *menu Houſſeau* a 30 lignes de longueur; le *gros Houſſeau* ou *Epingles à la piece*, a un pouce de long, & la *Biſette* 12 à 13 lignes. Les *Epingles à dentelle* qui ſervent aux Ouvrieres, ſont ordinairement groſſes & jaunes.

On fait de plus de groſſes épingles courtes dont on ſe ſert au lieu de clous, pour tendre les meubles précieux : on les nomme des *Epingles tapiſſieres*.

Enfin, celles qu'on nomme *Drapieres*, & qui ſont les plus groſſes de toutes, ſervent à tendre les draps pour les ſécher.

On fait encore des épingles noires, des épingles à deux têtes, des épingles en pincette : nous en parlerons dans la ſuite.

Travail du Dreſſeur ; par M. DE REAUMUR.

Les pieces étant tirées de groſſeur, on travaille à dreſſer le fil, c'eſt-à-dire, qu'on diviſe chaque piece en brins, longs de pluſieurs pieds, qu'on rend le plus droits qu'il eſt poſſible. Pour cela on place l'écheveau ſur un tourniquet *d* (*Pl. II. fig.* 2 ou *G fig.* 11) ſemblable à celui qui l'a ſoutenu pendant qu'on le tiroit par la filiere. Ce tourniquet eſt arrêté ſur un établi ſur lequel eſt auſſi l'inſtrument qu'on nomme, en termes de l'Art, l'*Engin* à dreſſer le fil *S* (*fig.* 2 & *H fig.* 11) ; il conſiſte en une planchette dans laquelle ſont fichées ſix à ſept pointes de fer *H I* ou *K*, diſpoſées ſur une ligne courbe, & plus ou moins éloignées les unes des autres, ſelon que le fil eſt plus gros ou plus fin. L'Ouvrier ayant devidé un bout de fil, il le conduit entre ces différentes pointes ; il le prend enſuite avec des tenailles appellées *tricoiſes x y* (*fig.* 23) ; il marche vîte à reculons ; ainſi il devide le fil du tourniquet, & le contraint à paſſer entre les pointes de l'engin, d'où il ſort droit quand les pointes ſont bien diſpoſées. Il marche ainſi toujours à reculons juſqu'à ce qu'il ſoit arrivé au fond de la chambre ou boutique ; alors il laiſſe tomber ſon brin de fil ſur le plancher, & retourne à l'engin auprès duquel il coupe le fil. Ce brin, preſque auſſi long que la chambre, étant coupé & dreſſé, il en dreſſe & en coupe de même un nombre d'autres qu'il arrange les uns ſur les autres à meſure qu'ils ſont coupés.

Il eſt aſſez difficile d'ajuſter les clous de l'engin de façon que le fil en ſorte droit, le fil roulé en écheveau a pris ſon pli pour ſe courber en demi-cercle. En paſſant ſur le premier, le ſecond & le troiſieme clou, il prend une courbure contraire à celle qu'il avoit d'abord ; s'il ſortoit alors de l'engin ou dreſſoir, il en ſortiroit courbé dans un ſens contraire, mais peut-être un peu moins, parce que la diſpoſition que les parties avoient à ſe courber, n'a probablement pas été détruite dans un inſtant. On détruit la courbure qu'on lui a donnée en le menant du troiſieme ſur le quatrieme ; on lui en donne une nouvelle en le menant du quatrieme ſur le cinquieme, & ainſi juſqu'au dernier, d'où il ſort droit quand les pointes ou clous ont été bien diſpoſés. Il ne ſeroit pas aiſé de déterminer la poſition que doivent avoir ces pointes les unes par rapport aux autres ; des fils de différentes groſſeurs & de différentes roideurs en demandent de différentes ; ce qu'il y a de vrai en général, c'eſt que les trois premiers clous ſont plus éloignés les uns des autres que ne le ſont les trois ſuivans ; que cependant le clou du milieu des trois premiers ou le ſecond clou eſt plus proche de la ligne droite qui va du premier au troiſieme, que le quatrieme, par exemple, n'eſt proche de la ligne qui va du troiſieme au cinquieme ; c'eſt-à-dire, qu'à meſure que le fil avance dans l'engin, il s'y courbe davantage. Enfin les clous ſont plus proches les uns des autres, & on en employe moins pour dresser du fil fin que pour en dresser de gros ; l'adresse de l'Ouvrier regle le reste. Après qu'il a fait passer par l'engin un bout de fil long d'un pied, il examine s'il en est sorti bien droit ; s'il ne l'est pas, il rapproche ou éloigne les clous jusqu'à ce que le fil sorte dressé à son gré.

Un Dresseur dresse dans un jour assez de fils pour 120 milliers d'épingles. Quand le nombre des fils qu'il a ainsi tirés, peut faire une poignée raisonnable *h h* (*fig.* 2) qui pese environ 25 livres, il les prend tous ensemble d'une main ; il les secoue par ondes, suivant le paquet, d'un bout à l'autre ; il n'a d'autre vue que de les bien approcher les uns des autres. Il frappe ensuite quelque corps plat contre un des bouts du paquet, afin que tous les bouts des fils s'arrangent dans un même plan, pour les couper ensuite, comme nous l'expliquerons bientôt.

Additions de M. Duhamel.

Par un grand usage, le Dresseur reconnoît ce qui manque à la disposition des pointes de l'engin ; il coupe avec des tricoises, les bouts de fil de laiton qui sont venus courbes, crochus & tortus, & ces bouts qu'on nomme des *Courtailles*, sont mis dans un sabot. Les Epingliers les vendent avec la limaille, les bouts de laiton qui sont trop courts pour faire des épingles, ainsi que les épingles manquées, à des Ouvriers qui les fondent pour en faire différents ouvrages. C'est pourquoi l'attelier est exactement planchéié pour que cette mitraille ne se perde point.

On appelle les faisceaux de fils dressés, *des bottes ou des cueillées de dressées.* On les fait les plus longues qu'il est possible, pour avoir moins de bouts à couper : les Dresseurs ménagent ainsi du temps & de la matiere.

Quand le fil vient bien droit, ils le tirent avec les tricoises, comme le dit M. de Réaumur, dans une longueur d'environ 4 à 5 toises ; ils laissent tomber & ils étendent sur le plancher ce fil ainsi dressé ; puis ils reviennent à l'établi ou à l'engin qui est à hauteur d'appui.

Remarques de M. Perronet.

1°, Cette opération qui paroît bien simple, est néanmoins une des plus difficiles à pratiquer de l'Epinglier, quoiqu'elle ne consiste qu'à placer six clous sur une planche d'environ 8 pouces de long sur 6 de largeur ; mais il faut que les trois premiers soient en ligne droite, & que l'espace ou le vuide qui est entr'eux, soit exactement de l'épaisseur de chaque fil qu'on veut dresser, & les autres clous doivent faire prendre au fil une courbure qui doit varier suivant la grosseur des fils. Les Dresseurs n'arrivent à la précision qui est convenable que par tâtonnement, & quelquefois ils sont obligés de recommencer leur opération ; mais comme ils travaillent à leur tâche, le Fabriquant n'y perd rien. Il faut un engin pour chaque grosseur de fil ; néanmoins quand le fil est un peu mou, un même engin peut servir pour deux grosseurs différentes.

2°, Le travail du Dresseur est penible ; car il peut dresser 600 toises de fil par heure ; & comme il parcourt le double de cet espace pour revenir à l'engin, il fait 1200 toises ou une demi-lieue par heure.

3°, La figure premiere, Planche IV, représente un engin de grandeur naturelle, & la vraie position de ses clous pour dresser du fil propre à faire des épingles du numéro 16.

4°, Comme le Dresseur est le même Ouvrier qui coupe les tronçons, il est payé à la fois pour ces deux opérations.

Travail du Rogneur ; par M. DE REAUMUR.

UN Ouvrier s'assied sur le plancher pour couper la botte de dressées en *tronçons*, dont chaque brin doit fournir trois, quatre ou cinq épingles, selon le numéro dont il les veut. Sa jambe gauche (*fig.* 3) est étendue ; mais la droite est pliée & croisée sous l'autre. Il entoure sa cuisse gauche tout auprès du genou d'une courroie de cuir qu'il noue assez serré : le bout applani du paquet de fils passe sous cette courroie qui les entretient tous ensemble. Il prend ensuite la boîte à couper les tronçons (*fig.* 12) : c'est le moule qui regle leur longueur. Ce moule, pour l'ordinaire, consiste dans une planchette qui a un rebord le long d'un de ses côtés, & qui près d'un de ses bouts porte une lame de fer verticale *I* : depuis cette lame jusqu'au bout de la boîte dont elle est la plus éloignée, il y a une longueur égale à celle des tronçons à couper ; un clou est fiché verticalement près de son autre bout dans le côté qui n'a point de rebord. Le Coupeur appuie le bout du paquet de fils contre le fond *L*, ou la lame de fer de la boîte, & le presse contre le clou ; sa main gauche est chargée de ce soin ; la droite est armée de cisailles avec lesquelles il coupe le paquet tout près du bord de la boîte. Il jette aussi-tôt les tronçons coupés dans une jatte de bois qu'il a auprès de lui, & il continue ainsi jusqu'à ce qu'il soit au bout du paquet.

Si les fils qu'il coupe sont destinés à des épingles des numéros compris depuis 12 jusqu'à 18, de chaque coup de cisaille il coupe environ 140 brins, c'est-à-dire, que le paquet est composé de ce nombre de brins ; & il est composé d'environ 250 brins, si les fils sont pour des épingles des numéros compris depuis 3 jusqu'à 10.

Additions

Additions de M. Duhamel.

On peut couper les bottes ou cueillées de dressées par tronçons, ou, comme disent les Ouvriers, *trancher à tronçons* ou *à la longue*, par le moyen simple que vient d'expliquer M. de Réaumur : mais la main de l'Ouvrier qui est chargé de tenir les fils réunis, fatigue beaucoup ; c'est pourquoi la plûpart des Ouvriers attachent sur leur genou une espece d'étau qu'ils nomment *Chausse* (*Pl. II. fig.* 13), & que M. de Réaumur décrira très-clairement dans la suite. Le bout de la cueillée *M* appuie sur la partie *L* de la boîte à longues ou à tronçons, qui sert à déterminer la longueur que doivent avoir les tronçons, suivant l'espece d'épingle qu'on veut faire. Le Rogneur, qui est ordinairement le même Ouvrier que le Dresseur, étant assis par terre, dans l'attitude qui a été dite, prend tous les fils qui composent une cueillée *M* (*fig.* 12) ; il en couche l'extrémité dans la boîte ; il les y enfonce jusqu'à ce que les fils touchent l'appui *L* ; il les serre sur la chausse *m* (*fig.* 13) avec la crosse *n* ; & tout étant disposé, comme on le voit figure 14, il coupe toute la botte avec la forte cisaille *t*, & il forme un tronçon *N* (*fig.* 15). Par cette opération, tous les fils qui forment un tronçon sont d'une pareille longueur.

Quelques Ouvriers garnissent le dessus de leur cuisse droite d'une espece de chaussè faite d'un fort cuir, pour ne point se blesser avec la branche inférieure de la cisaille qui appuie dessus lorsque l'Ouvrier, avec la main droite, pese sur la branche supérieure pour trancher le fil : la branche inférieure est arrondie & élargie en palette *F* (*Pl. IV, fig.* 2) pour ne point blesser la cuisse qui la supporte.

Remarques de M. Perronet.

M. Perronet dit, 1°, que le Coupeur commence par attacher la chausse à la cuisse gauche; ainsi l'Ouvrier qu'il a vu, travailloit, comme nous venons de le dire, étant aidé de sa chausse. 2°, En parlant de la cisaille, il dit que le Coupeur met le bout du bras le plus long, & qui est applati, sous son jarret droit, & qu'il coupe les fils un peu plus longs qu'ils ne doivent être, à cause que les épingles se raccourcissent lorsqu'on en forme la pointe, de sorte qu'on donne à ces fils quatre pouces neuf lignes pour trois longueurs d'épingles du numéro 20, ou 4 du numéro 12. Après qu'il a coupé la botte de dressées, il retire la crosse; il appuie les bouts de fil contre le fond de la boîte, & il recommence l'opération qui vient d'être décrite, jusqu'à ce que toute la longueur de la dressée soit réduite en tronçons. 3°, Pour couper la dressée de cinq toises de longueur par tronçons de quatre pouces neuf lignes de longueur, l'Ouvrier a employé 22 minutes. 4°, Pour dresser le fil des différentes grosseurs & couper les tronçons, l'Ouvrier a un sol de la douzaine d'épingles, composée de douze milliers; & il fournit le treizieme millier par dessus le marché pour remplacer les défectueuses. Il peut trancher par jour huit à dix douzaines de tronçons & gagner par conséquent 8 à 10 sols.

5°, L'engin, le tourniquet & la table qui les porte, coûtent à peu près 6 livres; la chausse 4 livres; la cisaille 3 liv. 10 sols, & la boîte à couper 10 sols.

Travail de l'Empointeur; par M. de Reaumur.

Les tronçons étant coupés, sont remis à l'Empointeur; c'est l'Ouvrier qui leur fait une pointe à chaque bout sur une meule de fer, dont toute la circonférence est hérissée de hachures paralleles à son essieu qui forment autant de taillants. Ces meules (*fig.* 16) ont environ un pouce & demi d'épaisseur & trois pouces de diametre; on les fait mouvoir par le moyen d'une grande roue de bois de cinq pieds de diametre ou environ, montée comme celles des Couteliers (*fig.* 6).

L'essieu de la meule est de fer & terminé par deux pivots; ordinairement la meule & son essieu sont logés dans une large entaille creusée dans un gros billot (*fig.* 17); il y est porté par deux pieces *T T* qui ont quelque saillie; l'essieu a environ un pouce de diametre dans l'endroit où il est entouré par la corde qui passe sur la grande roue de bois qui imprime le mouvement à la meule; d'où il suit que la meule fait environ 60 tours pendant que la grande roue n'en fait qu'un. On donne plus ou moins de longueur à la corde selon que le terrein le permet.

Pendant qu'un autre Ouvrier est occupé à tourner la manivelle de la grande roue, l'Empointeur (*fig.* 5) est assis à terre ou sur un coussin devant la grande meule, les jambes croisées. D'un côté, il a dans une jatte les tronçons à empointer, & de l'autre une autre jatte où il met ceux ausquels il a fait des pointes. Il prend dans la premiere à peu près autant de tronçons qu'il en faut, pour faire avec ces tronçons, couchés les uns auprès des autres, une longueur égale aux deux tiers de l'épaisseur de la meule. Devant le billot il y a une petite plaque de fer *a* (*fig.* 17): il commence par frapper un des bouts du paquet contre cette plaque, afin que tous les bouts se trouvent de niveau; il les arrange ensuite sur l'index de la main gauche, les uns à côté des autres, de façon qu'ils se touchent dans toute leur longueur, sans qu'il y en ait deux l'un sur l'autre. Il les retient dans cette position avec le pouce de la même main; celui de la droite y aide encore; & il couche l'index droit sous le gauche, afin de l'affermir (*fig.* 18).

Il présente le bout des tronçons ainsi étalés sur la meule; pendant qu'ils la touchent, le pouce de la main droite est continuellement en mouvement;

il va de droite à gauche, & revient de gauche à droite; en allant il presse les tronçons, & les oblige à tourner chacun sur eux-mêmes, ce qui fait que la meule a successivement prise sur toute la circonférence de chacun. L'adresse est de retourner tous les tronçons également; car c'est ce qui rend les pointes rondes & égales en longueur. Cette opération est faite en moins de temps que nous n'en avons mis à la décrire; en moins d'un tour de la grande roue, les tronçons sont empointés par un bout.

L'Ouvrier les empointe de même de l'autre bout; mais auparavant de le présenter à la meule, il a soin de frapper en même temps les gros bouts de tous les tronçons contre la petite plaque de fer *a* (*fig.* 17) (*), afin que les uns n'empietent pas plus que les autres sur la meule : un bon Empointeur fait dans un jour les pointes à 72 milliers d'épingles de différens numéros. A Laigle, on lui paie à un sol la douzaine de milliers.

Additions de M. DUHAMEL.

LA ZONE ou l'espece de virole qui forme la meule, porte sur le plan de la circonférence des hachures, non pas croisées comme celles des limes, mais en écouine fine; ainsi les hachures traversent entiérement tout le plan de la circonférence de la virole. Ces hachures se font avec un ciseau & à deux reprises, parce que le ciseau n'a de largeur qu'à-peu-près la moitié de la largeur de la meule.

Ces meules qui sont couvertes d'acier sont trempées en paquet : les tailles ou stries doivent être droites, égales, vives & tranchantes, pour qu'elles emportent net les copeaux ou raclures. On incline un peu les hachures vers la droite, parce que les Ouvriers présentent naturellement les épingles un peu inclinées à l'axe de la meule; & elles seroient prises obliquement par les hachures, si elles n'étoient pas elles-mêmes un peu inclinées : la corde de la grande roue passe par une ouverture qui est au fond de la banque; le devant qui regarde l'Ouvrier, est tout ouvert : la niche qui reçoit la roue, étant fermée de toutes parts, elle retient la limaille qui est chassée au loin par la force centrifuge.

Je remarquerai en passant que, comme les hachures de la meule sont tranchantes, & comme elles enlevent les copeaux suivant la longueur des des épingles, les pointes sont bien plus unies qu'elles ne le seroient avec des meules de grès.

L'adresse de l'Ouvrier ne se borne pas à faire tourner les bouts de fil de laiton dans ses doigts; il faut de plus qu'il les présente sur la meule sous un certain angle, pour que la pointe ne soit ni trop longue ni trop courte.

(*) Cette plaque est quelquefois de corne. On la nomme *apéritoire*.

Remarques de M. Perronet.

M. Perronet ayant pris les dimensions précises de toutes les pieces dont nous venons de parler : nous allons les rapporter ici, quoiqu'elles ne soient pas les mêmes dans tous les atteliers.

1°, La grande roue (*fig. 6*) a cinq pieds & demi de diametre; les jantes sont creusées d'une gouttiere qui a un pouce de profondeur ; la manivelle a 13 pouces de coude. Cette roue est portée sur deux poteaux de charpente. La figure 6 suffit pour en donner une idée assez exacte.

2°, A 14, 15 & 16 pieds de la roue (*fig. 6*) est un bloc de bois (*fig. 5*), qui a 18 pouces d'équarrissage par en bas, & 15 par le haut, sur 2 pieds 4 pouces de hauteur. Ce bloc est recreusé, comme on le voit par la fig. 17, où on apperçoit la meule qui a 6 pouces de diametre, avec un œil ou vuide au milieu *p* (*fig. 16*) de 2 pouces 9 lignes de diametre : les stries qui couvrent la surface sont un peu obliques.

3°, Dans l'ouverture *p* de la meule *O* (*fig. 16*), est ajusté un tampon de bois qui est percé au milieu d'un trou quarré pour recevoir un axe de fer de 8 pouces 10 lignes de long, dont la portion quarrée a 7 lignes de côté, portant, à 2 pouces 9 lignes d'un de ses bouts, une noix creusée en poulie qui a sept lignes de diametre dans le milieu sur quatorze lignes de largeur.

4°, Il est essentiel que la meule soit bien en équilibre sur son axe, sans quoi elle feroit du bruit en tournant, & elle seroit plus rude à mener ; & pour atteindre à cette précision, on tient l'ouverture quarrée du tampon de bois d'environ 5 lignes, plus ouverte que la grosseur du quarré de l'essieu; & on garnit l'espace vuide avec des cartes qu'on met en plus grande quantité d'un côté que d'un autre, pour que la roue tourne bien rond, & on les y met assez à force pour que la meule soit bien assujettie sur son essieu, de sorte qu'en tournant la meule avec la main, elle reste au point où on la met, & cet ajustement exige un tâtonnement qui est quelquefois fort long.

5°, On pose l'essieu & la meule, comme on le voit (*fig. 17*) ; contre deux morceaux de bois *TT* qu'on avance ou recule à volonté, & on les fixe au moyen d'un coin de bois. La corde qui communique le mouvement de la grande roue à la meule, est de peau de mouton.

6°, Au devant de l'ouverture du billot, est un petit chassis de verre *Z* qui est incliné de façon qu'il retient la limaille qui est vivement dispersée par la force centrifuge de la meule, pour éviter qu'elle n'entre dans les yeux de l'Ouvrier. M. Perronet ne restreint pas l'usage de cette glace, comme le prétend M. de Réaumur, au temps auquel on travaille le fer; mais il il eſt certain qu'elle eſt plus néceſſaire quand on appointit du fer ſur la meule, que quand on appointit du cuivre.

7°, La roue à empointer, y compris le billot & la corde, coûte 36 livres; l'eſſieu d'acier pour porter la meule, 3 livres; la meule qui peſe 15 livres, coûte 6 liv. Lorſque les hachures, retailles ou ſtries de la meule ſont uſées, il en coûte 8 ſols pour les refaire; mais juſques-là cette meule peut empointer environ trente douzaines de milliers d'épingles.

8°, L'Empointeur préſente à la fois ſur la meule vingt-cinq tronçons, ſi les épingles ſont groſſes, ou quarante, ſi elles ſont petites; ce qu'il nomme une *tenaillée*.

Travail d'un ſecond Empointeur qu'on nomme Repaſſeur; *par M.* DE REAUMUR.

UN ſecond Empointeur prend enſuite les mêmes tronçons, & les préſente, comme le premier, à une meule montée de la même maniere: elle n'en differe qu'en ce que les taillants en ſont plus fins (*fig.* 6), & *Q* (*Pl. II*, *fig.* 19); elle a des hachures moins larges & moins profondes. Elle rend les pointes plus fines, plus polies & plus douces. Cet Empointeur fait autant d'ouvrage que l'autre dans un jour; cependant on paye ſon travail moins cher; on ne lui donne que neuf deniers pour douze milliers.

Les tronçons des épingles de fer; ceux dont on veut faire des clous à livres; les bouts des aiguilles de fer à tricoter, ſe taillent ſur de pareilles meules; mais comme le fer eſt beaucoup plus dur que le laiton, la limaille qui s'en détache, s'écarte avec plus de vîteſſe; la meule eſt continuellement entourée de vives étincelles, & les yeux de l'Ouvrier auroient à craindre de ces étincelles, & peut-être autant de la limaille qui ſe détache. Pour s'en mettre à couvert, les Epingliers de Paris attachent, comme on l'a dit, un morceau de verre ou de glace devant la meule *Z* (*fig.* 17), de façon que ſans être un obſtacle aux mains, il met les yeux à l'abri; l'Ouvrier voit au travers de cette glace ce qui ſe paſſe ſur la meule. Au lieu de cette glace, les Ouvriers de quelques autres endroits ont des lunettes-beſicles ou verres auſſi larges qu'un écu. Ils attachent ces lunettes à leur tête.

Remarques de M. PERRONET.

1°, LA meule du Repaſſeur n'a que 4 pouces de diametre, & un pouce & demi d'épaiſſeur; le vuide dans le milieu n'a que deux pouces de diametre: elle ne peſe que 8 livres. L'eſſieu & le reſte eſt comme le tour à empointer qui a été décrit.

2°, Un Ouvrier peut empointer par jour quinze douzaines de milliers d'épingles grosses & petites avec le treizieme en sus pour le déchet; on lui donne 15 deniers par douzaine de milliers, en sorte qu'il pourroit gagner 18 s. 9 den. par jour, s'il étoit fourni; mais les meilleurs Fabriquants de Laigle ne débitent par jour, l'un dans l'autre, que 7 à 8 douzaines de milliers d'épingles, ce qui n'est que la moitié de ce qu'un Ouvrier peut faire; & cela est heureux : car leur poitrine souffre beaucoup de la poussiere cuivreuse qu'ils respirent; & le carreau de vitre qui garantit les yeux des gros fragments, ne retient pas la fine poussiere.

3°, Le Tourneur de roue a 1 sols 9 deniers de la douzaine de milliers, toujours y compris le treizieme pour le déchet. Ce prix paroît plus considérable que celui de l'Empointeur qui exige plus d'adresse, & qui souffre de la poussiere; mais le Tourneur de roue fatigue beaucoup; & comme il n'est pas continuellement occupé à la roue, il est de plus chargé de battre le papier, & de plusieurs autres travaux dont on parlera dans la suite.

4°, Suivant les calculs de M. Perronet, la meule fait 96 tours, pendant que la grande roue n'en fait qu'un; & comme la grande fait 45 tours par minute, la meule fait pendant ce même temps 4320 tours: en continuant son calcul, il établit que chaque partie de la circonférence de la meule, parcourt dans l'espace d'une minute 1088 toises, & pendant une heure 65314 toises & $\frac{2}{9}$ de toise.

5°, Si la meule n'étoit pas dans un parfait équilibre ou exactement centrée sur son essieu, on imagine bien qu'étant mue avec une aussi grande vîtesse, elle agiteroit vivement l'air qui l'environne, & elle produiroit un grand bruit; c'est effectivement ce qui arrive; au lieu qu'elle ne produit aucun bruit, & n'éprouve aucune résistance de la part de l'air quand elle est bien centrée.

6°, Le Repasseur gagne un sol par douzaine de milliers d'épingles, fournissant le treizieme en sus : il fait la même quantité d'épingles que l'Empointeur; ainsi il gagne un cinquieme de moins que lui.

7°, Le Tourneur de la roue à repasser, gagne le même prix que celui de la roue de l'Empointeur.

Travail du Coupeur de Hanses; par M. DE REAUMUR.

ON pense bien que les deux pointes d'un tronçon doivent être les pointes de deux épingles différentes, & qu'il faut couper ces deux longueurs d'épingles. Pour cela on les donne à l'Ouvrier appellé *Coupeur de Hanses* (*),

(*) Nous avons déja dit que plusieurs Ouvriers se servoient de la *chausse* pour couper les cueillées ou bottes par tronçons; & nous avons prévenu que M. de Réaumur donneroit la description de cette chausse. C'est ici où il la place.

parce qu'en Epinglerie, une épingle à qui il manque la tête, est appellée *hanse*. Celui-ci est encore assis sur le plancher; il a, comme le Coupeur de tronçons, la jambe gauche étendue & la droite croisée par dessous. Pendant qu'il coupe les hanses, il a besoin qu'elles soient bien assujetties; car une simple courroie semblable à celle qui a servi à couper le fil en tronçons, n'assujettiroit pas assez des tronçons qui sont courts; c'est pourquoi il recouvre sa cuisse gauche, immédiatement auprès du genou, d'une petite machine appellée *Chausse à couper les hanses* ou *Trancheur à la courte*: elle consiste (*fig.* 13) dans un morceau de bois *i i* plat d'un côté; ce côté est large d'environ un pouce & demi, & long de quatre & demi; c'est le dessus: la face opposée, ou le dessous *K K*, est concave, c'est-à-dire, d'une figure propre à s'appliquer sur la cuisse; & afin qu'elle s'y applique plus mollement, l'intérieur est revêtu de morceaux de chapeau. Aux deux bouts *l l* inférieurs sont arrêtées des courroies dont on entoure la cuisse; afin même de mieux assujettir la chausse, la partie supérieure porte quelquefois une cheville *o* (*fig.* 14) du côté le plus proche du genou, autour de laquelle on entortille les courroies.

Une platine de fer *m* (*fig.* 13) longue d'environ 2 pouces, & large de 15 lignes, est assujettie sur le dessus de la chausse; elle porte à chaque bout un crampon de fer dans lequel passe une fiche ou clavette de fer (nommée *Crosse*); la clavette va en diminuant depuis un bout jusqu'à l'autre. Il n'est pas mal-aisé d'imaginer à présent comment le Coupeur assujettit les tronçons sur son genou: il les pose sur la platine, & les presse à proportion de ce qu'il enfonce la clavette; afin qu'ils puissent encore moins glisser, on recouvre ordinairement la platine de fer d'un morceau de chapeau que ces tronçons touchent immédiatement; mais auparavant de mettre les tronçons sur la chausse, le Coupeur les arrange dans un moule (*fig.* 20) semblable à celui qui a servi à les couper la premiere fois; on l'appelle *la Boîte à couper les hanses* ou *à trancher à la courte*; la même sert ordinairement pour deux sortes de numéros. Elle est partagée par une petite cloison *c*, en deux parties inégales *d d*, dont chacune est la mesure d'une différente épingle; elle est de fer ou de bois; ses côtés ont des rebords élevés de quelques lignes, & les bouts n'en ont point. Le Coupeur ayant choisi celle qui lui convient, il en couvre le fond d'une couche de tronçons empointés (*fig.* 14) à l'épaisseur d'environ deux lignes. Il a soin que les pointes de chacun touchent la cloison de séparation *s s* (*fig.* 14); c'est depuis cette cloison jusqu'au bout de la boîte, qu'est prise la longueur de la hanse: il les retient en cet état en les pressant avec le pouce de la main gauche qui est elle-même chargée de la boîte; il pose l'autre bout des tronçons sur le feutre qui recouvre la platine de la chausse, & c'est alors qu'il passe la clavette de fer *q* dans ses crampons pour assujettir les tronçons.

Dans l'inſtant ſuivant il prend de la main droite de grands ciſeaux *t*, & coupe les hanſes à fleur du bord de la boîte ; il les en retire, & les met dans un plateau de bois qu'il a auprès de lui. Il ôte enſuite les tronçons de deſſous la chauſſe ; il les retourne pour mettre dans la boîte celui de leurs bouts à qui il reſte une pointe pour en couper des hanſes de la maniere dont nous l'avons vu. Si les tronçons avoient cinq longueurs d'épingles avant d'avoir été coupés, il leur en reſte encore trois ; ainſi on les remet de nouveau aux Empointeurs qui leur font une pointe à chaque bout; on en coupe enſuite deux hanſes, & il n'y a plus qu'à faire une pointe à la partie qui reſte. On remarquera qu'on prend les tronçons un peu plus longs que les longueurs des épingles qu'on en veut tirer jointes enſemble ; parce que, pendant qu'on les coupe & pendant qu'on leur fait les pointes, ils diminuent de quelque choſe.

Un Coupeur de hanſes en coupe dans un jour environ 180 milliers.

Additions de M. DUHAMEL.

A MESURE que l'Empointeur a formé les pointes ou que le Repaſſeur les a finies, ces Ouvriers les mettent dans une jatte, & les placent en commençant par la circonférence, & en allant vers le centre, afin que l'Ouvrier qui doit travailler ces mêmes tronçons ou hanſes, les puiſſe prendre plus aiſément.

Quand on a coupé une longueur d'épingle d'un tronçon qui doit faire trois longueurs & qui eſt appointi aux deux bouts, on peut donner le reſte aux Empointeurs pour faire une pointe au bout qu'on a coupé : cette opération paroît alors plus aiſée que ſi on avoit coupé le bout en deux ; car il n'eſt pas ſi commode de manier des hanſes qui n'ont qu'une longueur d'épingle.

Toutes les épingles qu'on coupe de l'extrémité d'un tronçon appointi, ſont d'une pareille longueur, parce qu'on fait toucher les pointes ſur le fond de la boîte à trancher; mais les épingles qui reſtent au bout du tronçon, ne ſeroient pas exactement d'une pareille longueur, parce que, quelqu'adroits que ſoient les Empointeurs, la meule entame un peu plus ſur les unes que ſur les autres; ce qui oblige de mettre ces hanſes dans la boîte à trancher pour couper celles qui ſe trouvent trop longues.

Remarques de M. PERRONET.

1°, CHAQUE boîte à couper les hanſes eſt marquée d'un même numéro que celui qui ſert à marquer les différentes ſortes d'épingles. Celle numérotée 14, a 16 lignes de largeur & 13 de longueur ; elle ſert aux épingles des numéros 14 & 15 : une autre numérotée 17, qui a 18 lignes de largeur

largeur ſur 15 de longueur, ſert pour les épingles du numéro 16 & 17.

2°, Pour couper les hanſes des différentes groſſeurs, l'Ouvrier gagne 9 deniers de la douzaine de milliers, toujours le treizieme en ſus. Il en coupe ordinairement trois douzaines par heure; & en forçant un peu le travail, il en peut couper juſqu'à quatre douzaines; en ſorte qu'en moins de trois heures de travail, il peut couper les 7 à 8 douzaines de milliers que fabriquent ordinairement par jour les meilleurs Marchands de Laigle; ce qui fait qu'un Coupeur peut ſuffire au travail de deux ou trois Fabriquants, & gagner par ce moyen environ 15 ſols par jour.

3°, Les ciſailles (*Pl. IV, fig.* 2) forment, à la main droite des Coupeurs, un calus de chair morte épais d'un doigt, & ce calus empêche que leur main ne ſoit endommagée par le maniment continuel des ciſailles.

4°, Néanmoins, comme l'a déja remarqué M. Perronet, une des branches des ciſailles porte ſur le plancher; & la branche ſupérieure qui eſt applatie comme une ſpatule, eſt ſous le jarret, qui, en appuyant deſſus, aide beaucoup à la main droite à trancher les fils de laiton.

Des Têtes des Epingles; par M. DE REAUMUR.

IL s'agit à préſent de faire les têtes des épingles. Apparemment que les premieres qu'on a faites n'avoient pour têtes, comme les clous, qu'un de leur bout applati. Cette petite piece rapportée eſt imaginée trop ingénieuſement, & ſuppoſe trop d'artifice pour qu'on y ſoit venu d'abord. On peut obſerver ſur les épingles finies qu'elle eſt compoſée d'un fil tourné en ſpirale; c'eſt un fil de laiton fin, mais roulé de la même maniere que les cannetilles ou bouillons qui ornent les boutons d'or & d'argent trait, & divers ouvrages de broderie. Chaque tête eſt compoſée de deux tours de fil.

Maniere de faire le fil à tête, ou Travail du Tourneur de Têtes; par M. DE REAUMUR.

L'ÉPINGLIER fait de longues pieces de fil roulé en hélices, pour former les têtes des épingles: il roule ce fil ſur des rouets ſemblables à ceux que les Boutonniers employent à un pareil uſage (*); la principale roue de ce rouet (*Pl. III, fig.* 1) a près de deux pieds & demi de diametre; des montants la ſoutiennent près d'un des bouts d'un banc; à l'autre bout du même banc eſt une noix ou poulie à pluſieurs rainures, dont l'eſſieu eſt porté par deux montants peu élevés. La même corde paſſe ſur la noix & ſur la grande roue. Pendant que celle-ci fait un tour, l'autre en fait environ 30: car la

(*) Ce rouet ſe nomme *Tour à tête.*

noix n'a qu'un pouce de diametre ; elle est éloignée de la grande roue de deux pieds cinq à six pouces ; son essieu est prolongé par de-là un des montants, & même hors du banc ; c'est à ce bout *G* prolongé qui est foré comme une clef à broche, & qui a une entaille *H* (*fig.* 6), qu'on attache *le moule à tête* a (*fig.* 1) & *I* (*fig.* 6), c'est-à-dire, un fil de la grosseur des épingles à qui on veut faire des têtes, & sur lequel on roule le fil qui y est destiné. Ce moule entre de quelques pouces dans l'essieu ; il y est de plus assujetti par quelques cordons qui s'entortillent autour de l'un & de l'autre *H* (*fig.* 6) ; il a environ six pieds de longueur. Quand la grande roue fait tourner la noix, le moule tourne : il reste donc à voir maintenant comment est conduit le fil qui doit s'y entortiller.

A deux pieds du rouet, il y a un tourniquet *b* (*fig.* 1) porté par un billot ; sur ce tourniquet est l'écheveau de fil qui doit être façonné en cannetille ou en fil à tête. L'Ouvrier prend le bout de ce fil ; il le passe dans un demi-anneau de laiton *K* (*fig.* 6) qui est au bout d'une poignée de bois *L* ; cette poignée, à cause de son demi-anneau, s'appelle *Porte* ; il arrête ensuite le bout qui a passé dans la porte au bout du moule le plus proche du rouet vers *G*. Il prend la porte ou poignée *L* de la main gauche, & de la droite, la manivelle de la grande roue ; il la fait tourner ; le moule tourne dans l'instant & entortille autour de lui le fil à tête qui se devide de dessus le tourniquet. L'usage que la main gauche fait alors de la porte, est de tenir la partie du fil qui est prête à s'entortiller tout proche de celle qui s'est déja entortillée. Les tours du fil ne sauroient être trop rapprochés, mais il ne faut pas qu'ils se touchent. Le fil, à force de passer, fait une échancrure dans l'anneau de la porte & dans le bois du manche *L* ; ce qui aide à bien conduire le fil.

Quand le moule est entiérement couvert, on coupe le fil près du moule, & on fait sortir le fil à tête ou cannetille de dessus le moule. On en fait de différentes grosseurs selon celle des épingles. De celui d'une grosseur médiocre, l'Ouvrier en peut façonner huit livres pesant dans un jour, ou de quoi fournir aux têtes de mille épingles.

Additions de M. Duhamel.

Quelquefois on recuit le fil à tête pour qu'il soit très-flexible, & pour cette même raison on choisit le meilleur laiton. Quand on en a de bien doux, on peut se dispenser de le recuire, & c'est le mieux.

Le fil de laiton qui forme le moule, ne pouvant être arrêté par le bout qui est opposé au rouet, on pourroit le soutenir sur quelques tringles de bois ; mais il y a des Ouvriers qui le supportent sur leurs épaules, d'autres sur leurs bras, d'autres sur une fourche montée sur un pied qu'on transporte où l'on veut ; on peut encore le soutenir avec quelques-uns des doigts de la main qui tient la porte ; mais quand le bout du moule traîneroit par terre, il n'en arriveroit pas d'inconvénient.

Le manche de la porte a quatre ou cinq pouces de longueur sur un pouce de grosseur. Quelquefois, au lieu du demi-anneau dont parle M. de Réaumur, on emploie un morceau de fer plat & percé.

On pourroit conduire le fil à tête sur le moule sans le secours de la porte, en tenant seulement le fil à tête entre le pouce & l'index ; mais le fil couperoit les doigts de l'Ouvrier, & il seroit difficile de le tenir aussi ferme que quand on tient d'une main la porte, & qu'on appuie seulement le pouce sur le fil à tête qui coule à mesure qu'il enveloppe le moule.

Observations de M. PERRONET.

1°, LA roue du tour à tête a 2 pieds 8 pouces de diametre ; la manivelle, 6 pouces de longueur ; la noix, 9 lignes de diametre dans le milieu, & 18 lignes de longueur. Elle est enfilée dans une broche ou essieu qui a 8 pouces de longueur.

2°, Cette broche passe au travers de deux nerfs de bœufs qui sont attachés fixement à une tête de bois qui a 3 pouces 3 lignes de largeur sur 5 de hauteur, avec une queue longue de 6 pouces qui est reçue dans une mortaise de la table du rouet où elle est arrêtée par un coin. *Voy. Pl. VII.*

3°, La corde qui communique le mouvement de la roue à la noix, est de boyau, & on la tend plus ou moins, en écartant de la roue la poupée qui porte la broche & la noix.

M. de Réaumur dit que le moule doit être de la même grosseur que les épingles qu'on veut faire. M. Perronet observe qu'on le choisit un peu plus gros ; mais il faut que ce soit de bien peu.

Travail du Coupeur de Fil à tête ; par M. DE REAUMUR.

IL FAUT diviser les pieces de cannetille ou les couper en petites parties, pour en faire des têtes *N* & *P* (*fig.* 7) : c'est l'ouvrage d'un Coupeur. Il est, comme la plupart des autres, assis sur le plancher (*fig.* 2), les jambes croisées : il tient dix à douze pieces de cannetille, dont il a bien égalé les bouts, pressées entre le pouce & le commencement de l'index de la main gauche ; la droite fait agir le grand ciseau, qui d'un même coup, coupe toutes ces pieces. Il ne doit précisément détacher de chacune que deux tours de fil : plus ou moins rendroit le morceau inutile. Ce petit travail, tout simple qu'il est, demande de l'adresse & beaucoup d'exercice : un Coupeur habile coupe dans un jour jusqu'à 144 milliers de têtes.

On les fait ensuite recuire ; pour cela on les met sur le feu dans une cuiller de fer, jusqu'à ce qu'elles soient rouges. On feroit mieux de les mettre dans une cuiller de cuivre; car on sait que l'attouchement du fer aigrit le cuivre quand ces deux métaux sont fort chauds. On a en vue, par cette opération, de les ramollir, afin qu'elles soient plus souples quand il s'agira de les assujettir sur l'épingle : c'est à quoi l'on travaille après qu'elles sont recuites.

Additions de M. Duhamel.

Les ciseaux pour couper les têtes, sont différents des cisailles qu'on a employées pour couper les hanses : leurs lames sont plus minces, beaucoup plus larges, fort tranchantes, & ils n'ont point de pointe au bout ; c'est pourquoi on les nomme des *Ciseaux camards* (*Pl. IV. fig.* 3).

A mesure qu'on coupe les têtes, elles tombent dans une sébille que quelques-uns nomment *Vaseau.*

Remarques de M. Perronet.

1°, Le Coupeur de têtes a autour de lui un tablier de cuir qui est attaché à une sellette basse posée devant lui. Ce tablier reçoit les têtes à mesure qu'il les coupe, ce qui est plus commode que le vaseau.

2°, Il met le plus long bras des ciseaux, lequel est plat, sous son jarret, comme pour couper les tronçons.

3°, De la main droite il tient douze moulées dont il ajuste les bouts bien égaux, en les frappant avec le plat des ciseaux.

4°, Il donne environ 70 coups de ciseaux par minute.

5°, Quand il a donné 12 coups de ciseaux, il égalise de nouveau le bout des moulées, en les frappant sur le plat des ciseaux : malgré la précision qu'exige cette opération, & la vivacité avec laquelle elle s'exécute, il y a des Coupeurs assez habiles pour couper de suite la tranche entiere ou toute la longueur des douze moulées, sans interrompre le travail pour égaler le bout des moulées.

6°, Puisque l'Ouvrier peut donner 70 coups de ciseaux par minute, il en peut donner 4200 par heure ; & comme à chaque coup de ciseau, il coupe douze moulées, cet Ouvrier peut couper 50400 têtes de menues épingles en une heure : ce seroit un travail forcé ; mais un Ouvrier peut communément couper 30 milliers de têtes par heure, grosses & menues, l'une dans l'autre ; néanmoins comme sa vue fatigue beaucoup, il ne coupe que 15 douzaines de milliers par jour. L'Ouvrier a 3 deniers pour tourner une douzaine de milliers de têtes, & 9 deniers pour les couper ; & comme il en peut couper 15 douzaines par jour, il gagne 11 sols 3 deniers.

7°, Le rouet coûte 4 liv. la porte & les ciseaux autant.

8°, On

8°, On recuit les têtes, comme le dit M. de Reaumur, dans une cuiller de fer, où l'on en met deux ou trois livres à la fois ; ce qui fait douze douzaines de têtes du numéro 8 : on les couvre de charbon, on les tient sur le feu pendant une demi-heure, & on les y laisse refroidir.

Description de l'Entêtoir *; *par* M. DE REAUMUR.

LA MACHINE à entêter est aussi bien imaginée qu'elle est simple : ce qu'on a à lui faire faire, c'est de frapper la tête qu'on a mise au bout de l'épingle, de façon qu'elle y soit comme soudée, & qu'elle ait de la rondeur. Un épais billot de bois (*Pl. III*, *fig.* 3 & 5) soutenu par 4 pieds de la hauteur de ceux des établis ordinaires, est toujours la base de cette machine. Il y a de ces billots qui ont deux, d'autres trois, & quelques-uns quatre, cinq ou six machines à entêter ; autant d'Ouvriers s'asseyent autour ; les billots en sont plus grands à proportion, & ont du moins autant de pans qu'il y a d'Ouvriers qui y travaillent. Mais, pour le plus simple, arrêtons-nous à un billot (*fig.* 3) qui ne sert que pour un seul Ouvrier. Au milieu du billot est une petite enclume d'acier *V* (*fig.* 8) dans laquelle est creusée une cavité capable de recevoir la moitié de la tête de l'épingle finie *h* (*fig.* 9), avec une espece de gouttiere qui commence au bord de l'enclume, & va aboutir à cette cavité ; elle n'a de profondeur qu'autant que le corps de l'épingle a de diametre ; elle est évasée près du bord de l'enclume, & de-là elle s'étrécit jusqu'à l'endroit qui reçoit la tête.

L'enclume ne peut arrondir qu'une moitié de la tête, l'autre moitié est reçue par un poinçon quarré *z* (*fig.* 8), *i* (*fig.* 11) dans lequel est creusée une cavité hémisphérique & point de rainure ; ce poinçon est élevé & retombe ensuite avec force, étant chargé d'un morceau de plomb *a* assez pesant. Il oblige la tête à s'arrondir, & les tours de fil à se presser : la machine n'est construite que pour faire agir ce poinçon, & elle le doit être avec une extrême précision ; à chaque coup, la cavité du poinçon doit venir juste se placer sur celle de l'enclume : ce sont deux pieces dont le moule de la tête est, pour ainsi dire, composé.

Au-dessus du billot il y a 2 montants *ss* (*fig.* 8) éloignés chacun de 6 ou 8 pouces du centre de l'enclume ; ils ont depuis 12 jusqu'à 16 ou 17 pouces de hauteur & 2 pouces d'équarrissage. A un pied ou environ du dessus du billot, ils sont assemblés avec une traverse *TT* ; elle est percée au milieu, pour laisser passer un arbre de fer *b* de quelques lignes de diametre ; le poinçon est arrêté contre le bout inférieur de cet arbre ; un peu au-dessus du même poinçon, cet arbre est chargé d'un morceau de plomb *a* de figure arbitraire & du poids de 9 à 10 livres pour les épingles communes ; il y en a qui

* Le terme d'*Entêtoir* n'est point d'usage à Laigle : on l'y nomme *Outil à frapper les têtes* ; & l'Ouvrier que nous nommons *Entêteur*, s'y appelle *Frappeur*.

pesent jusqu'à 25 livres, & qui servent pour des aiguilles de tablettes.

Immédiatement au-dessous du plomb, il y a une traverse de fer *Y Y* qui embrasse le poinçon ; elle sert à rendre sa chûte plus juste ; elle s'éleve avec lui ; ses deux bouts sont percés, & reçoivent deux petits montants de fer *XX* arrêtés par en bas dans le billot, & par en haut dans la traverse de bois *TT*; ils sont chacun à peu près à distance égale de l'enclume & des montants de bois.

Il y a une corde attachée au bout supérieur de l'arbre du poinçon ; la même corde tient à un levier de bois *c e*, qui s'éleve & s'abaisse comme le fléau d'une balance. Son point d'appui est le plus souvent sur un montant *d*. Une de ses branches a 10 ou 12 pouces de longueur ; elle est sur le billot : l'autre en a 12 ou 13 ; elle va par de-là. A cette branche tient une corde ; elle aboutit à une *marche* semblable aux marches des Faiseurs de tissus. Quand l'Ouvrier abaisse cette marche, il éleve le bras du lévier auquel le poinçon est suspendu ; & si-tôt qu'il la laisse échapper, le poinçon vient tomber sur l'enclume avec son propre poids & celui du plomb qui le charge. Nous verrons dans un instant comment l'Epinglier entête les épingles.

Additions de M. Duhamel.

Après ce qu'a dit M. de Reaumur, on conçoit que chaque enclume & chaque poinçon ne peuvent servir que pour une espece d'épingle. Il y a des enclumes qui ont plusieurs trous & entailles (*fig.* 10) ; & celles-là servent pour différentes especes d'épingles. On conçoit encore combien il est important que le trou du poinçon réponde exactement au trou de l'enclume ; car ici la perfection de l'ouvrage dépend plus de l'exactitude de l'outil que de l'adresse de l'Ouvrier. On ajuste les cavités de l'enclume & du poinçon avec le *Boutereau* qui est un poinçon bien acéré (*fig.* 12), dont la pointe mousse & hémisphérique est de la grosseur de l'échantillon de l'épingle qu'on veut frapper, & la lime *l* (*fig.* 13) qui est quarrée ou à tiers point, sert à former la gouttiere.

Mais il faut être prévenu que le bout *z* de l'arbre de fer (*fig.* 8) a un trou quarré profond de quelques pouces, dans lequel s'ajuste le poinçon. Ce poinçon est un peu à l'aise dans le trou quarré qui le reçoit, & on l'y assujettit ou avec des coins de bois ou avec des vis ; ce qui donne la facilité de porter le poinçon d'un côté ou d'un autre, jusqu'à ce que le petit trou hémisphérique qui doit recevoir la moitié de la tête, réponde exactement au trou de l'enclume, ou entre l'autre moitié de la même tête, ou bien, pour parler comme les Ouvriers, il faut que les hoches se rencontrent.

L'Ouvrier peut, à son gré, augmenter la force du coup ou la diminuer, soit en variant le poids qui charge le poinçon, soit en changeant la position de la corde qui répond à la marche, puisqu'il est évident qu'en l'approchant de l'extrémité de cette marche, la levée du poinçon est plus grande, & conséquemment le coup plus fort.

Remarques de M. PERRONET.

LA DISPOSITION de l'entêtoir que décrit M. Perronet étant un peu différente de celle que M. de Reaumur a fait graver, & les cotes de toutes les parties étant mises avec toute la précision possible, nous en allons donner le détail.

Planche IV, fig. 4 représente le plan d'un entêtoir à six places semblables, pour y employer un pareil nombre d'Ouvriers qui travaillent à la fois; & *fig.* 5, son élévation. Le tout est porté sur un billot de bois ou un tronc d'arbre *A* de 3 pieds 9 pouces de diametre, & 16 pouces d'épaisseur; il est élevé d'un pied au-dessus du plancher par trois forts pieds *B*; au-dessus du billot s'élevent 6 poteaux *C* posés aux angles, & retournés sur 2 pouces de largeur à chaque face; leur épaisseur est de 18 lignes, & leur hauteur de 17 pouces: à 13 pouces & demi au-dessus du billot, sont assemblées les traverses *D* de même épaisseur que les poteaux, sur 15 lignes de hauteur, lesquelles sont percées aux endroits *E*, pour passer les broches de fer *F* qui ont 6 lignes de grosseur & 16 pouces de longueur, & dont le haut est arrêté fermement dans les précédents trous avec les coins *O*; le bas qui est diminué en pointe, porte sur des especes de crapaudines de plomb *G* qui ont 2 pouces en quarré sur 6 lignes d'épaisseur; le plomb a été versé dans des trous faits dans le billot.

Le milieu des mêmes traverses *D* est percé pour recevoir l'aiguille de fer ou l'*outibot H* qui a 12 pouces & demi de longueur sur 6 lignes de grosseur, comme il est représenté dans sa grandeur naturelle (*fig.* 6).

L'outibot est percé à son extrémité supérieure en *I*, pour passer la corde *I V* qui le doit faire mouvoir.

Le bas de l'outibot *K* a 18 lignes de long, & sa grosseur est d'un pouce en quarré. Cette partie est percée en dessous d'un trou *K* (*fig.* 5 & 6) qui a 6 lignes en quarré sur 9 lignes de profondeur: ce trou est désigné par des points.

Cet outibot, dont la verge est quarrée par en bas jusqu'à 4 pouces de hauteur, entre dans une traverse de fer *L L*, dont le plan est tracé en grand sur la même planche (*fig.* 7). Cette traverse a 9 pouces 9 lignes de longueur, 9 lignes de largeur & 3 lignes d'épaisseur. Elle est encore percée dans sa longueur de deux trous ronds par lesquels passent les broches de fer *F*; & l'on a soin qu'il y ait quelques lignes de jeu tout autour pour y mettre quelques bandes de parchemin huilé, afin que la traverse monte & descende aisément le long des broches *F*: dessus cette traverse *L L* on met un poids de plomb *N* qui eſt traverſé dans ſon axe par la tige *H* de l'outibot. Ce poids a 4 pouces de diametre & 3 pouces de hauteur. On met un morceau de parchemin entre le poids *N* & la traverſe *L L*, pour les rendre plus adhérents l'un à l'autre; & pour que les coups continuels du poids ne fatiguent point la traverſe. Dans la partie creuſée *K* de l'outibot *H*, on met un poinçon d'acier *P* (*fig.* 8), lequel a 10 lignes de longueur, 6 lignes de groſſeur par le milieu, & 5 lignes en quarré par les bouts, ſur leſquels ſont gravés en creux deux trous de la moitié de la groſſeur des têtes que l'on veut faire, ainſi qu'il eſt repréſenté par le plan *p* (*fig.* 9). Sous cet outibot *P* (*fig.* 8) eſt poſé un canon de fer *Q* repréſenté en grand (*fig.* 10); il a 16 lignes de longueur ſur 15 lignes de groſſeur en quarré, non compris la queue *R* qui a 20 lignes de longueur & 6 lignes de groſſeur. Cette partie eſt enfoncée dans le billot: le deſſus de ce canon eſt percé d'un trou *r* de 6 lignes en quarré ſur autant de profondeur, comme le montre la ligne ponctuée *Q*. On place dans ce canon une enclume d'acier *S* (*fig.* 11) d'un pouce de hauteur, 4 lignes de groſſeur en quarré par le bas, & 7 lignes par le haut. Sur cette enclume ſont gravés 4 trous de différentes grandeurs, pour faire les têtes de quatre différents numéros d'épingles, comme on le voit au plan *T* (*fig.* 12).

La corde qui paſſe dans le trou du haut de l'outibot *H*, eſt attachée ſur le bras de levier *V X Y* qui eſt de bois, & qui a 2 pouces de groſſeur à l'endroit *V* éloigné du point d'appui *X* de 7 pouces & demi; proche l'autre bout, à l'endroit *Y*, eſt attachée la corde qui répond à la *Marchette Z*, à 11 pouces de diſtance du point d'appui: la marchette *Z* a 10 pouces de long, ſur 6 de large, & elle eſt attachée par le bout *&*, au moyen d'un bout de corde, à un piquet.

A chaque place il y a deux planches *a a* chacune d'un pied de long & ſix pouces de large, qui ſont arrêtées par des boulons au billot aux endroits *b* (*fig.* 4), de façon que ces planches puiſſent ſe mouvoir pour accotter les bras des Ouvriers.

Au devant de chaque place eſt une calotte de chapeau *c* nommée *Planche*; elle a 6 pouces de long ſur 4 de large, & deux pouces de hauteur de bord, arrêtée fixement au billot: cette calotte ſert à mettre les hanſes & les têtes.

En dedans de cette enceinte de planche, eſt un demi-cercle *d* nommé *parc*, qui a pour corde toute l'étendue compriſe entre deux poteaux; ce parc eſt deſtiné à recevoir les épingles à meſure que les têtes ſont frappées; au milieu du billot eſt un chandelier *e* qui ſert à éclairer toutes les places.

Sur le même billot ſont deux poteaux diamétralement oppoſés *f*, de deux pouces de groſſeur; ils ſont bien ſerrés contre les ſolives du plancher pour affermir le billot, & empêcher que les coups continuels des poinçons ſur les enclumes ne l'ébranlent.

On conçoit qu'il eſt de la plus grande importance que le trou hémiſphérique du du poinçon réponde bien précisément au trou aussi hémisphérique de l'enclume : il est difficile de parvenir à cette précision ; on le fait néanmoins en éloignant ou en approchant les broches *F* (*Pl. IV*, *fig.* 5), qui étant pointées sur les crapaudines de plomb *G*, y forment différents petits trous, où on peut les placer en soulevant le poids *N*, & retirant un peu, s'il le faut, les coins *O*.

La cuiller de fer, pour faire recuire les têtes, coûte 15 sols ; le plomb & les autres ustensiles qui appartiennent à chaque place, coûtent 8 livres ; le billot, 12 livres : ainsi toute la machine qu'on vient de décrire, coûte 60 liv. 15 sols *.

Maniere d'entêter ou frapper les Epingles ; par M. DE REAUMUR.

L'OUVRIER est assis vis-à-vis de l'enclume, ayant les coudes appuyés, & un pied posé sur la marche *fg* (*Pl. III*, *fig.* 8). Le dessus du billot est pour lui une table sur laquelle sont deux especes de boîtes de carton *R* 2, *R* 3 ; l'une à gauche contient d'un côté les hanses, & de l'autre côté les têtes ; l'autre à droite reçoit les épingles entêtées. De la main gauche il prend une hanse, il en pousse la pointe au hasard dans le tas des têtes ; il ne manque gueres d'en enfiler une. La main droite la prend aussi-tôt ; elle pose la tête dans le creux de l'enclume, & tire ensuite l'épingle à elle, jusqu'à ce que la tête soit ajustée précisément au bout de la hanse. Le pied de l'Ouvrier qui tenoit le poinçon élevé, le laisse aussi-tôt échapper ; il vient frapper la tête ; l'Ouvrier l'éleve & le laisse tomber quatre à cinq fois de suite ; la main droite retourne l'épingle à chaque fois, afin qu'elle soit frappée de différents côtés. Ce nombre de coups suffit ordinairement, & alors il met l'épingle entêtée dans le carton *R* 3.

Aussi-tôt la main gauche donne à la droite une autre hanse enfilée dans une tête ; car, pendant que le pied abaisse la marche, & que la main droite retourne l'épingle sur l'enclume, la gauche cherche à enfiler une nouvelle hanse dans une autre tête ; ces trois mouvements se font à la fois, & avec tant de vîtesse qu'un Ouvrier entête communément 7 à 8 milliers d'épingles dans un jour ; il y en a qui vont à 12 & plus ; encore n'occupe-t-on gueres à ce travail que des femmes ou de jeunes enfants.

On peut remarquer que toutes les épingles sont entaillées près de la tête ; elles y sont moins grosses qu'ailleurs. La petite élévation que forme au-dessus du creux où est la tête, la gouttiere ou coche qui renferme le corps de l'épingle, cause cette différence de grosseur : le rebord de cette gouttiere coupe un peu l'épingle tout autour.

On a fait des têtes avec des moules à main ; & c'étoit apparemment la ma-

* Nous avertissons une fois pour toutes que le prix de tous les ustensiles, ainsi que des matieres, varient suivant les temps.

niere uſitée avant que la machine que nous avons décrite, fût connue. C'étoit une petite piece de fer qui étoit creuſée comme l'enclume, où l'on plaçoit de même la hanſe qu'on vouloit entêter : mais cette façon n'eſt plus en uſage ; elle eſt plus longue & vaut moins que la précédente.

On avoit auſſi un poinçon dans lequel, comme dans celui de la machine, étoit creuſée une cavité propre à recevoir la moitié d'une tête d'épingle. Après avoir poſé l'épingle dans le moule, on poſoit deſſus le poinçon ; on l'y retenoit de la main gauche, pendant que la droite appuyoit ſur ce poinçon quelques coups de marteau. On fait encore à preſent de petits clous à livre à tête ronde avec un poinçon à peu près pareil.

Additions de M. Duhamel.

Une partie de l'ouvrage de l'Entêteur eſt d'enfiler la hanſe dans le fil qui doit faire la tête, & de placer cette tête au bout oppoſé à la pointe ; on nomme *frapper* cette tête, la battre entre l'enclume & le poinçon, comme l'a expliqué M. de Reaumur. Pour enfiler la tête à moindres frais, il y avoit des fabriques où l'on faiſoit enfiler par des enfants ; mais il falloit ajuſter les têtes au bout des hanſes. On a maintenant trouvé qu'il étoit plus expéditif de faire enfiler & frapper par un même Ouvrier.

Il arrive ſouvent qu'il s'enfile plus d'une tête dans une hanſe ; l'Ouvrier fait tomber alors avec un de ſes doigts celles qui ſont de trop *.

Remarques de M. Perronet.

1°, Un homme peut frapper 20 têtes d'épingles, groſſes ou petites par minute ; & comme il frappe cinq à ſix coups ſur chaque tête, l'enclume reçoit 100 ou 120 coups par minute.

2°, Un Frappeur fait ordinairement un millier d'épingles par heure, & dix à douze milliers par jour, non compris le treizieme en ſus pour les défectueuſes.

3°, Les Frappeurs gagnent deux prix différents : ſçavoir, 9 ſols de la douzaine de milliers, toujours y compris le treizieme en ſus, pour frapper les têtes des groſſes épingles, depuis le numéro 22, juſqu'au numéro 14, & 8 ſols pour les épingles au deſſous ; ce qui leur vaut 7 à 8 ſols par jour, ſur quoi les Frappeurs ſont tenus de ſe fournir de poinçons & d'enclumes qui coûtent enſemble 10 ſols, & de les faire regraver lorſqu'on change de groſſeur d'épingle, ce qui coûte environ deux ſols par mois. Ce ſont encore les Frappeurs ou Entêteurs qui frottent, vannent & ſéchent les épingles.

---

* A Laigle on ne connoît point le terme d'*entêter*, on dit *frapper* pour plus grande clarté. Nous avons conſervé le terme d'entêter pour diſtinguer les deux opérations d'enfiler les têtes & de les frapper.

Maniere de blanchir les Epingles ; par M. de Reaumur.

On laisse à peu d'épingles leur couleur jaune : excepté celles des plus grosses sortes, on les blanchit presque toutes. Ce n'est pas seulement pour les embellir ; le cuivre n'est pas agréable à toucher ; il donne toujours quelque odeur aux mains ; d'ailleurs le verd de gris l'attaque ; ces raisons font qu'on étame les épingles comme les casseroles, mais d'une maniere fort différente.

On commence d'abord par les décrasser : pour cela on fait bouillir de l'eau avec une livre de gravelée rouge. On la jette toute bouillante dans un baquet de bois où sont les épingles ; il y en a environ 130 livres pesant. Ce baquet (*Pl. V, fig.* 1 & 8) a près de 20 pouces de diametre, & 15 à 16 de profondeur ; il est suspendu par une chaîne à hauteur d'appui. Un Ouvrier l'agite pendant environ une heure, en le tirant à soi, & le repoussant alternativement. Les frottements que les épingles y essuient les rendent plus jaunes & plus brillantes.

Elles sont alors en état d'être étamées ou blanchies. On les empile dans une chaudiere de cuivre de figure cylindrique qui a 14 pouces de diametre & 20 de profondeur (*Pl. III, fig.* 14) ; mais voici comme on les arrange avant de les mettre dans la chaudiere. On a une croix de fer à quatre bras égaux (*fig.* 15), & dont deux ensemble ont moins de longueur que la chaudiere n'a de diametre. Sur cette croix on pose une plaque d'étain fin, ronde 4 (*fig.* 16) & épaisse d'un quart de ligne ou même moins ; son diametre est un peu plus petit que celui de la chaudiere ; on couvre la plaque d'étain d'un lit d'épingles épais de 4 à 5 lignes placées sans aucun ordre. Sur ce lit d'épingles, on met une nouvelle plaque d'étain sur laquelle on étend une couche d'épingles d'épaisseur égale à la premiere ; & ainsi on met alternativement une couche d'épingles & une plaque d'étain, jusqu'à ce qu'on ait formé une pile 9, 9 : 10, 10 (*fig.* 17) qui ait un peu moins de la moitié de la hauteur de la chaudiere ; on porte ensuite cette pile dans la chaudiere ; on le fait aisément au moyen de deux cordes, qui ont chacune un de leur bout noué à deux bras opposés 1, 1 : 3, 3 (*fig.* 15).

La pile n'est pas où elle en doit rester. Pour l'élever davantage, on prend une plaque d'étain à peu près de même épaisseur que les autres 5, 5, (*fig.* 18) ; on l'appelle une *plaque à fils*, parce qu'elle a deux petites cordes nouées par les deux bouts, qui passent par quatre trous 7 & 8, (*fig.* 18), dont elle est percée, & qui donnent le moyen de la porter, comme les cordes de la croix ont donné la facilité de porter la premiere pile. Sur cette plaque à fils, on met une couche d'épingles d'épaisseur égale aux premieres ; on la couvre d'une nouvelle plaque d'étain sur laquelle on étend un nouveau lit d'épingles ; & ainsi de suite, on éleve une petite pile 10, 10 : 11, 11, composée de huit ou dix couches d'épingles & d'autant de plaques, & on la porte dans la chaudiere pour augmenter la pile qui y est déja. On forme de même une seconde pile sur une seconde plaque à fils, composée d'autant de couches d'épingles & de plaques d'étain que la précédente. Celle-ci acheve la pile (*fig.* 17) qu'il faut supposer dans la chaudiere (*fig.* 14); le seul avantage qu'on trouve à former ces deux petites piles, c'est qu'on n'est pas ensuite obligé de retirer de la chaudiere toutes les épingles à la fois; on tire les unes après les autres, les piles à fils avant d'arriver à la maîtresse pile portée sur la croix qui est encore assez pesante. Il entre dans la chaudiere jusqu'à 51 plaques d'étain, & dans les intervalles de toutes ces plaques, jusqu'à 360 milliers d'épingles de la petite sorte, & la moitié ou environ d'épingles des plus grosses sortes; c'est-à-dire, qu'il y a environ 540 milliers d'épingles de différentes sortes qui, tous ensemble, pesent 128 à 130 livres. Car si pour les 30 douzaines de 12 milliers ou les 360 milliers de la petite sorte, on prend le poids des épingles du numéro 4 qui est à peu près moyen entre celles du numéro 7, ces 360 milliers peseront 45 livres. Si de même on suppose que le poids des 180 autres milliers est de sept onces deux gros, qui approche du poids des épingles du numéro 13, qui est le numéro d'un poids à peu-près moyen entre ceux des numéros 8 & 18, ces 180 milliers peseront à peu-près 82 livres; aussi faut-il deux hommes pour soulever la chaudiere; ils la portent sur un bâton passé dans son anse.

On la remplit d'eau de puits bien claire: on y jette deux livres de gravelée blanche; on fait bouillir le tout sur le feu pendant environ cinq heures (*fig.* 4); la chaudiere *p* est alors sur un trépied ordinaire *q*, & a un couvercle: à mesure que l'eau diminue, on a soin d'y en verser de la nouvelle, & de la tenir pleine toute raze.

Le sel de la gravelée dont l'eau est empreinte, dissout l'étain; l'étain dissous s'attache au cuivre, & l'étame. Le raisonnement ne conduiroit pas à croire qu'une opération si simple fût capable d'étamer parfaitement les épingles; mais l'expérience l'apprend: elles sont suffisamment recouvertes d'étain, & avec beaucoup d'égalité. La consommation qui se fait de ce métal, n'est cependant pas bien considérable. Soixante plaques d'étain pesent communément 30 livres; en les faisant bouillir une fois par semaine, les Ouvriers assurent que dans trois mois elles ne diminuent que d'environ 10 livres, c'est-à-dire, qu'il ne s'en consomme qu'un peu plus de trois quarterons pour étamer nos 128 livres pesant d'épingles.

Ces trois quarterons d'étain n'y sont pourtant pas employés en entier; il en faut déduire ce qui reste mêlé avec l'eau. Mais quand nous supposerions cette quantité d'étain entiérement étendue sur nos épingles, il s'ensuivroit toujours qu'il forme des couches incomparablement plus minces que l'imagination l'imagination ne sauroit se les représenter. Nous pouvons admirer ici, comme nous l'avons fait ailleurs dans l'Art du Tireur d'or, la prodigieuse extension que reçoit l'étain, sans cesser d'être un corps continu. Pour nous faire quelque idée de cette étonnante extension, supposons que la chaudiere a toujours été remplie d'épingles du même numéro; de celles du numéro 3, par exemple; alors elle eût contenu chaque fois un peu plus de 1638 milliers d'épingles de cette sorte. Cherchons à présent la longueur que feroient toutes les épingles mises bout à bout; celles du numéro que nous avons choisi, ont chacune 8 lignes de longueur; par conséquent, le millier de ces épingles fait une longueur de huit mille lignes, ou de 55 pieds 6 pouces 8 lignes qui, prise 1638 fois, nombre égal à celui des milliers, donne pour longueur de toutes les épingles posées bout à bout, ou pour celle à laquelle les trois quarterons d'étain ont été étendus, 91 mille pieds. Il seroit aisé de déterminer à peu-près quelle surface quarrée donne cette longueur, en prenant la circonférence des épingles. A la vérité, le numéro que nous avons choisi, est favorable à l'augmentation de la surface; nous en trouverions moins si nos épingles étoient de plus haut numero : mais ce qui reste d'étain dissous avec l'eau, suffiroit peut-être pour compenser cette différence.

On ne jette pourtant pas l'eau où les épingles ont été blanchies; on sait qu'il y reste de l'étain & de la gravelée à ménager; on la conserve pour la verser dans la premiere chaudiere où l'on empilera des épingles; & on y ajoute la gravelée dans la proportion que nous avons dite.

Les plaques deviennent à la fin trop minces, ou elles se percent; & alors on les refond, comme nous l'expliquerons dans la suite.

Après que la chaudiere a été ôtée de dessus le feu, on retire, d'abord l'une après l'autre, les piles de plaques à fils, & on vient ensuite à la grande pile portée par la croix; on renverse à mesure les épingles dans le même baquet où nous les avons vu laver immédiatement avant qu'on les arrangeât dans la chaudiere (*Pl. V*, *fig.* 1 & 8). Le baquet est aussi suspendu, comme nous l'avons vu dans le même endroit; on y jette de l'eau fraîche & claire; un Ouvrier l'agite pendant environ un demi-quart d'heure, & cela afin que les épingles frottant les unes contre les autres, la gravelée qui étoit restée entr'elles, s'en sépare.

Il faut ensuite les sécher; ce qu'on exécute en les agitant dans la frottoire : c'est une espece de petit tonneau d'environ un pied de diametre, & un peu moins long (*Pl. V*, *fig.* 2 & 9) : il a un essieu de bois soutenu par deux tréteaux ou pieds *B* entaillés pour le recevoir. On le fait tourner par le moyen d'une manivelle *E* engagée à un de ses bouts. Cette frottoire a, vers le milieu de sa longueur, une ouverture quarrée *C*; c'est la porte par où on fait entrer les épingles; on les y verse avec un auget *F* (*fig.* 10) long de 2 pieds, assez ſemblable aux mains dont ſe ſervent les Banquiers pour ramaſſer l'argent; il n'en differe preſque que parce qu'il eſt de bois, au lieu que les mains des Banquiers ſont de cuivre. On remplit enſuite une partie de la frottoire de ſon, & enfin on bouche ſa porte avec une petite planche quarrée, qui eſt arrêtée par une traverſe qui paſſe deſſus & dans deux couliſſes. Après avoir fait tourner la frottoire pendant environ une demi-heure, l'Ouvrier retire les épingles, & les fait tomber dans le plat à vanner *E* (*fig.* 11) qui eſt de bois, & a environ un pied de diametre: il les y vanne auſſi, il les ſépare du ſon, & quand elles ſont bien nettes & bien blanches, il les met dans une petite boîte de carton de figure cylindrique appellée *la Carte aux épingles*, ou dans un boiſſeau.

Additions de M. Duhamel.

Il y a des épingles qu'on laiſſe jaunes, & que l'on vend ainſi ſans les étamer ou blanchir, ſoit pour épargner une très-petite quantité d'étain, ſoit pour éviter des opérations qui, quelque petites qu'elles ſoient, augmentent néceſſairement de quelque choſe le prix des épingles, ſoit que quelques raiſons que j'ignore, les rendent plus convenables à certains uſages: les Faiſeuſes de dentelles, par exemple, employent ordinairement des épingles jaunes. On pourroit leur donner une belle couleur jaune en les faiſant bouillir avec de la gravelée, les agitant dans le baquet (*fig.* 1), & enſuite les deſſéchant avec du ſon dans la frottoire (*fig.* 2); mais ordinairement, ce qui revient au même, après avoir fait bouillir 30 livres peſant d'épingles avec deux livres de tartre; on met le tout dans le barril ou frottoire (*fig.* 2); & après les avoir agitées pendant trois quarts-d'heure, on les deſſeche avec du ſon dans une frottoire, ou en les ſecouant, comme on le voit (*fig.* 4), avec du ſon dans un ſac de cuir (*Pl. V*, *fig.* 12). Quand un Ouvrier ſe trouve ſeul, il attache un des bouts du ſac à un poteau (*Pl. VI*, *fig.* 17), & en le ſecouant il fait prendre aux épingles une couleur jaune très-brillante. Je n'entrerai point dans un plus long détail ſur cela, parce que M. de Reaumur parlera de ce travail à l'occaſion des épingles de fer.

Une attention qui a échappé à M. de Reaumur, c'eſt qu'il ne faut mettre entre chaque plaque d'étain, que des épingles d'une même ſorte.

Autrefois les épingles d'Angleterre étoient plus argentées que les nôtres; ce qu'on auroit pu attribuer à ce qu'ils employoient un étain plus pur, & que celui que nous employons, eſt preſque toujours allié d'un peu de plomb. Mais on fait maintenant de très-belles épingles à Laigle; & je crois que c'eſt depuis qu'on a pris la méthode de blanchir les épingles à l'eau.

Il paroîtra ſans doute ſingulier que les épingles jaunes ſortent de la chaudiere blanches & comme argentées; mais ſi on fait attention que quand on plonge, dans une diſſolution de cuivre, un morceau de fer poli, le fer se charge d'une légere couche cuivreuse, ce qui dépend de ce que le cuivre se précipite & se dépose sur le fer, à mesure que le dissolvant attaque le fer, on concevra que la gravelée dissout un peu d'étain, qui ensuite est précipité par le cuivre qui en devient couvert.

On voit que dans les Manufactures d'épingles, tous les Ouvriers sont payés à tant par douzaines de milliers : on imagine bien qu'il ne seroit pas possible de compter les têtes, les hanses, &c. mais on sait ce que doit peser le millier de chaque sorte d'ouvrage, & on le reçoit au poids.

Remarques de M. Perronet.

1°, Le baquet pour décrasser, a 22 pouces de diametre sur 14 de hauteur avec une anse de fer & un crampon, pour le suspendre à une piece de bois stable. Ce baquet avec la ferrure, coûte 5 livres.

2°, Les plaques d'étain ont à peu près 16 pouces de diametre, & la chaudiere 18, sur 2 pieds & demi de hauteur.

3°, Ce sont les Tourneurs de roue qui sont chargés de ce travail; on les nomme alors *Jaunisseurs* : & ce sont les Entêteurs ou Frappeurs qui, sur le prix qu'on leur donne pour frapper des têtes, sont tenus de frotter & de sécher les épingles, ce qui peut se faire dans une frottoire (*fig.* 2), comme l'a dit M. de Reaumur, ou en mettant environ 14 livres d'une même sorte d'épingles, dans un sac fait de deux peaux de mouton cousues ensemble, & que deux hommes secouent, comme nous l'avons expliqué. Ce travail dure à peu près trois quarts-d'heure, pendant lesquels les épingles sont envoyées environ 500 fois à chaque bout du sac à frotter, qui a trois pieds de long, 18 pouces de large par un bout, & 10 par l'autre.

4°, Le plat à vanner (*fig.* 11) est de bois; il a 18 pouces de diametre, trois pouces & demi de profondeur. On vanne 6 ou 7 livres d'épingles à la fois; & ce sont les Entêteurs qui font encore ce travail sur le prix qu'on leur a donné pour frapper.

5°, Les plaques d'étain pesent chacune une livre & demi. L'étain coûte 28 sols la livre en lingot. Les Epingliers de Laigle les fondent eux-mêmes. Comme il en faut environ 60 livres pesant pour remplir les chaudieres, cette fourniture coûte 80 livres.

6°, La gravelée ou le tartre se tire de la Rochelle ou de la Xaintonge, ou du Château-du-Loir, & coûte rendue 25 livres le quintal, ou 104 livres pesant. On conçoit bien que tous ces prix doivent beaucoup varier, suivant une infinité de circonstances.

Maniere d'arranger les Epingles par quarterons sur les papiers; par M. de Reaumur.

Il ne reste plus qu'à arranger les épingles par quarterons sur le papier :

ce papier est sans colle ; on le bat sur un billot *i* (*fig.* 6), pour l'applanir. On y fait les trous dans lesquels les épingles doivent passer ; on en perce à la fois pour un quarteron : l'outil dont on se sert (*fig.* 15) s'appelle *Quarteron* ; il est terminé en forme de peigne par 26 pointes. Le papier étant plié en quatre, de façon que les deux endroits où doivent être deux rangs de trous, se touchent l'un l'autre ; il pose le quarteron dessus, verticalement ; & d'un coup de marteau appliqué sur le bout *q* de cet outil, il fait ouvrir à la fois tous les trous. Une Ouvriere perce dans un jour assez de papiers pour loger huit douzaines de milliers d'épingles.

Enfin la Bouteuse qui est aussi celle qui fait entrer les épingles dans ces trous, y en peut arranger jusqu'à 30 milliers par jour ; elle les met aussi en paquets composés chacun de six milliers qu'on appelle des *Sizains*.

Les papiers qui enveloppent les paquets composés de plusieurs milliers, portent en rouge la marque du Maître. Ces marques sont gravées sur de petites planches de bois ; on les frotte de vermillon avec une brosse ; on les applique ensuite sur ce papier : si la marque est petite, on ne presse cette planche qu'avec la main ; si la marque est grande, on la presse avec une petite masse de bois, dont le bout est plus gros que le reste, & plat : on l'appelle une *Batte*.

Additions de M. Duhamel.

On sait qu'il faut attacher les épingles de plat & de suite sur des feuilles de papier pour les mettre en vente ; c'est ce que vient d'expliquer M. de Réaumur ; mais il nous paroît nécessaire de rendre le détail de cette petite opération, encore plus clair. Pour cela il faut avoir recours à la figure 16 de la Planche V. On plie le papier en *a a* ; on le plie encore en *b b* ; on applique le pli *aa* sur le pli *bb* ; & le papier étant en quatre doubles, on le pose, comme on le voit en *O* (*fig.* 15) sur une plaque de plomb qui couvre un billot *N* : en frappant sur le bout *q* avec un maillet, on marque 26 trous dans lesquels on passe les épingles, lorsqu'on étend le papier, elles sont retenues en deux endroits de leur longueur, comme on le voit en *c d*. On voit en *e f* (*fig.* 16) les trous par où doivent passer les épingles, & qui sont faits & espacés par l'outil. On voit en *g h* (*fig.* 16) les épingles comme elles paroissent sur l'envers du papier, & en *R* la marque dont M. de Réaumur vient de parler. Il est sensible qu'on doit faire les deux files de trous plus près les uns des autres quand les épingles sont fines, que quand elles sont grosses, & qu'il faut que les pointes de l'outil *P* (*fig.* 15) soient d'autant plus serrées que les épingles sont plus fines.

Les milliers sont divisés en demi-milliers par un espace assez large qui les sépare dans toute la longueur du papier. Chaque demi-millier est, pour ainsi

ainsi dire, subdivisées en rangées de cinquante chacune, qui le sont elles-mêmes au milieu par un petit vuide qui les partage en deux quarterons. Ces quarterons sont quelquefois de 25 épingles, & quelquefois de 20 : cette différence néanmoins ne diminue point le millier; car les cinq épingles qui manquent à chaque rangée, sont remplacées par d'autres rangées qu'on ajoute au total. Les Marchands ne font cette différence que, parce que celles qu'on vend pour être d'Angleterre, n'ont que 20 épingles au quarteron, & celles qui se vendent pour être de Paris en ont 25 ; mais les unes & les autres sont fabriquées à Laigle ou à Rugles, &c.

Il y a deux marques sur les papiers : une petite sur chaque paquet de demi-millier ; & sur les papiers qui enveloppent les sixains, la marque est plus grande, & le nom du Fabriquant est au-dessous.

Les Marchands de Paris envoyent aux Fabriquants des papiers marqués qui portent ordinairement la figure de la Reine régnante ou de quelque autre Princesse.

Les deux demi-milliers sont joints ensemble par une bande de papier de deux doigts de largeur ; cette bande est attachée par une épingle qui sert d'échantillon aux Epingles qui sont renfermées dans le paquet.

Les épingles se débitent en gros par sixains, ou en paquets de six milliers.

Remarques de M. PERRONET.

1°, On porte aux Bouteuses les épingles vannées, dans des demi ou des quarts de boisseau, chaque espece étant à part.

2°, Le quarteron pour les épingles, numéros 8 & 9, a un pouce 9 lignes de longueur, deux pouces de hauteur avec un manche *q* (*Pl. V, fig.* 15) d'un pouce de longueur sur six lignes de diametre ; il coûte 25 sols, & le marteau pour frapper dessus, 12 sols. Ce sont les Bouteuses qui se fournissent de ces outils : elles peuvent percer par jour deux douzaines de milliers de papiers, grands & petits.

3°, Une bonne Bouteuse peut placer dans les papiers quatre douzaines de milliers d'épingles ; elles ont un sol par douzaine de milliers de cette opération ; la plupart n'en font que deux à trois douzaines.

4°, Elles sont de plus chargées d'éplucher les épingles pour rejetter les défectueuses. Comme les mêmes Ouvrieres font ordinairement les trois opérations, de percer le papier, de bouter & d'éplucher, on leur donne 2 sols 6 deniers par douzaine de milliers, grosses & petites : les plus fortes Ouvrieres gagnent 4 sols par jour : les enfants de 7 à 8 ans peuvent gagner un sol par jour, seulement pour bouter.

5°, Ce sont encore les Bouteuses qui impriment les empreintes ou marques des Marchands sur les papiers : elles en font un millier par heure, en frappant, avec le plat de la main, le papier ſur la planche de bois qui eſt attachée ſur une table ; & elles chargent de couleur cette planche, au moyen d'une groſſe broſſe qu'elles trempent dans du vermillon délayé avec de la colle de farine.

Récapitulation ſommaire de toutes les opérations dont on vient de parler ; par M. Duhamel.

Rappellons maintenant de ſuite toutes les façons par où il a fallu faire paſſer les épingles. Quoique nous ayons vu avec quelle vîteſſe le travail a été conduit, nous ſerons encore étonnés qu'on puiſſe donner ces épingles à ſi bon compte. Paſſons toutes les opérations qui n'ont eu pour objet que d'alonger ou de nettoyer le fil : prenons la premiere ; c'eſt celle où l'on a commencé à le dreſſer ; la ſeconde a été de couper ce fil par tronçons ; la troiſieme, de faire des pointes à ces tronçons ; la quatrieme, de finir ou repaſſer ces pointes ; la cinquieme, de couper les hanſes ; la ſixieme, de tourner le fil à tête ; la ſeptieme, de couper les têtes ; la huitieme, de recuire les têtes; la neuvieme, de rapporter & frapper les têtes ; la dixieme, de laver les épingles dans la gravelée ; la onzieme, de les arranger dans la chaudiere & les blanchir ; la douzieme, de les laver au ſortir de la chaudiere ; la treizieme, de les ſécher dans la frottoire ; la quatorzieme, de les vanner ; la quinzieme, de les bouter dans les papiers. A ces façons, on pourroit encore ajouter celles de battre le papier, de fondre, couler & couper les plaques d'étain.

DÉTAIL de toutes les opérations qui sont nécessaires pour faire douze milliers d'épingles du numéro 6, qui portent 9 lignes de longueur; avec l'état de ce que le Fabriquant paye à ses Ouvriers pour chaque opération: le tout extrait des Mémoires de M. PERRONET.

LES douze milliers du numéro 6, pesent, sans papier, 9 onces 6 gros.

Le fil pour faire les épingles du numéro 6, ayant passé par neuf trous de la filiere, revient à 31 sols 3 den. la livre; sur ce pied, les une livre neuf onces six gros de ce fil coûtent deux liv. neuf sols sept den. ci, 2 l. 9 s. 7 den.

Pour dresser & couper les tronçons, un sol, ci, . . 1

Pour empointer, un sol trois deniers, ci, . . . 1 3

Au Tourneur de la roue à empointer, un sol 9 den. ci, 1 9

Pour repasser les pointes, un sol, ci, ... 1

Au Tourneur de roue pour repasser, un sol, ci, . . 1

Pour couper les hanses, neuf deniers, ci, . . . 9

Pour faire les moulées, ou tourner le fil pour la tête des épingles, trois deniers, ci, ... 3

Pour couper les moulées, neuf deniers, ci . . . 9

Le feu pour recuire les têtes, évalué trois deniers, ci, 3

Pour frapper les têtes, huit deniers, ci, . . . 8

Tartre pour jaunir les épingles, un sol, ci, . . . 1

Tartre & feu pour blanchir les épingles, estimé un sol, ci, 1

Pour bouter les épingles dans le papier, un sol, ci, . 1

La main de papier coûte 6 sols.

Il en faut 5 onces 3 gros pour la douzaine de milliers du numéro 6; c'est deux sols, ci, ... 2

On peut estimer la réparation des outils & faux frais, quatre sols, ci, ... 4

Total du prix d'une douzaine de milliers d'épingles du numéro 6, Trois livres sept sols trois deniers, ci, . . 3 l. 7 s. 3 den.

On ne peut évaluer les accidents qui sont indispensables dans une Manufacture: s'il n'y en avoit point, comme les 12 milliers des épingles, numéro 6, se vendent 4 liv. le profit du Manufacturier seroit de 12 sols 9 deniers par douzaine de milliers. Mais on ne doit regarder les évaluations ci-dessus que comme des à-peu près; car les prix varient suivant le taux des vivres, & une infinité d'autres circonstances.

TABLE pour une douzaine de milliers d'Epingles.

Numéros des Epingles.	Leur longueur.	Poids sans papier.			Poids du papier.				Total.				Prix auquel elles reviennent à peu près au Fabriquant.		
	lignes.	*livres.*	*onces.*	*gros.*	*livres.*	*onces.*	*gros.*	*grains*	*livres.*	*onces.*	*gros.*	*grains*	*Livres.*	*Sols.*	*Deniers.*
N°. 5	8	0	14	7	0	4	0		1	2	7		2	8	6
6	9	1	9	6	0	5	3		1	15	1		3	7	3
7	10	2	5	4	0	6	0		2	11	4		4	4	7
8	11	2	11	2	0	6	4		3	1	6		4	18	10
10	11½	3	0	0	0	8	0		3	8	0		5	6	0
12	12½	3	6	4	0	10	0		4	0	4		5	12	1
14	13	3	12	4	0	11	0	18	4	7	4	18	6	3	11
17	14	4	6	5	0	11	1		5	1	6		6	17	4
20	15	5	1	0	0	12	0		5	13	0		7	15	6
22	16	5	11	6	0	13	0		6	8	6		8	14	2

Il faut près de 400 liv. pour pourvoir une Fabrique médiocre des outils qui lui sont nécessaires.

Additions de M. DUHAMEL.

Le poids & le prix des épingles de chaque numéro varient un peu, suivant les différentes Fabriques. Mais la table précédente que M. Perronet a faite en suivant une bonne Fabrique, suffit pour donner une idée assez juste de tout ce qui la concerne.

C'est une chose admirable que de voir tous les Habitants d'une Ville subsister de la Fabrique des épingles, tout étant payé à la piece & à des prix très-modiques; mais les enfants de six ans commencent par gagner un sol par jour; & cela procure un soulagement à leurs peres.

On faisoit autrefois beaucoup d'épingles à Paris; celles qu'on y fabriquoit, y étoient en grande réputation. Il y a lieu de penser que la main d'œuvre étant devenue trop chere dans cette Capitale, à raison du prix des vivres; les Fabriquants de Province ont été en état de donner leur travail à meilleur compte; & ils ont fait tomber les Fabriques de Paris en fournissant des épingles aussi belles & à meilleur marché. Mais pour conserver la réputation des épingles de Paris, les Fabriquants de Province boutent celles qu'ils envoyent, dans des papiers timbrés de la marque de Paris; ce sont les Marchands de Paris eux-mêmes qui les leur envoyent.

La Ville de Limoges étoit autrefois célebre pour la Fabrique des épingles: on n'y trouve présentement que quelques pauvres Fabriquants. On fait aussi des épingles à Bordeaux; mais les plus belles Fabriques de ce temps-ci sont à Laigle, à Rugles & dans quelques autres endroits de la Normandie.

REMARQUES

REMARQUES *générales sur le Métier d'Epinglier, tirées des Réponses de M.* DE CHALOUZIERE *.

LE Métier d'Epinglier est très-mal-propre; nous avons déja dit qu'il est aussi fort contraire à la santé. La matiere qu'on y emploie, y contribue. Tout le monde sait que la rouille du laiton est du verd-de-gris, c'est-à-dire, un poison. Ce poison agit sur les Ouvriers plus ou moins, selon la place qu'ils occupent dans la Fabrique. Les plus exposés sont les Empointeurs. La meule sur laquelle ils travaillent, tire des épingles qu'elle éguise, une limaille très-fine qui se répand dans l'air, de maniere que les Empointeurs ne peuvent se dispenser d'en respirer par la bouche & par le nez; on sait cependant qu'ils mettent, pour s'en garantir, un verre encadré devant leur visage; & c'est à travers ce verre qu'ils voyent l'ouvrage qu'ils font; mais cette précaution ne les préserve pas entiérement du fâcheux effet des particules cuivreuses.

L'air qu'ils respirent est toujours rempli de la plus subtile limaille qui vole; elle entre par le nez & par la bouche. Il en descend sans doute quelque partie dans la poitrine par la trachée artere. Ces particules de limailles s'attachent aux endroits où elles s'arrêtent, & y contractent leur rouille ordinaire. Delà vient que tous les Ouvriers d'épingles, & les Empointeurs, plus que tous les autres, ont presque toujours les gencives d'un noir tirant sur le verd; leurs dents sont de même toutes obscurcies. La crasse qui s'amasse dans la jointure des dents est noire & d'un noir verdâtre; elle se mêle avec la salive, & tombe dans l'estomac. La limaille s'attache si fort au visage, qu'il est, en quelque sorte, impossible aux Ouvriers de se décrasser parfaitement. Il est très-probable qu'il en descend dans la poitrine & dans l'estomac, comme on vient de le dire: les effets qu'elle y cause sont très-dangereux. Les Empointeurs, qui ne sont pas bien robustes, meurent pulmoniques, & de bonne heure; tous abandonnent l'empointage, quand ils parviennent à un âge un peu avancé, comme de 40 ou 50 ans; peu de ceux que la nécessité contraint d'y travailler plus long-temps, en échappent.

Il y a encore dans ce Métier une chose singuliere qui dérive de la même cause. La limaille qui vole en l'air, & qui s'attache, comme on l'a dit, aux choses qu'elle rencontre, s'attache aux cheveux des Ouvriers, & sur ceux des Empointeurs plus que sur ceux des autres. En s'y attachant ainsi, elle y produit quelquefois un effet assez extraordinaire. Elle rend les cheveux des Ouvriers absolument verds, & d'un verd aussi vif & aussi beau que celui des arrêtes de l'orphis. Tous les cheveux ne reçoivent pas cette impression; les blonds en sont plus susceptibles que les bruns ou les noirs: quoi qu'il en soit, il est certain que plusieurs Empointeurs ont les cheveux

* M. de Chalouziere, Avocat en Parlement, Juge de Police de Laigle, a bien voulu m'aider de ses lumieres.

du plus beau verd du monde; & ce verd ne paroît point une couleur superficielle ajoutée à la couleur naturelle des cheveux, mais bien celle des cheveux mêmes : elle paroît provenir de la substance des cheveux qui en est toute pénétrée. Il semble que tous les Empointeurs devroient à cet égard être dans le même cas ; cependant il n'y en a que quelques-uns dont les cheveux soient ainsi verds ; les cheveux des autres ne reçoivent point du tout d'altération dans leur couleur naturelle, ou n'en reçoivent que peu. On sait que les cheveux des Fondeurs de cuivre, prennent aussi une couleur verte.

On fabrique actuellement à Laigle & aux environs, plus de quatre fois autant d'épingles qu'on y en fabriquoit il y a trente ans : on évalue à 1500 mille livres ce qui se fabrique d'épingles chaque année dans la Ville de Laigle & aux environs. Cela vient de ce que la Fabrique de cette Ville ayant acquis de la supériorité, non-seulement sur les autres Fabriques du Royaume, mais encore sur celles de Hollande, fournit d'épingles les Villes que les autres Fabriques fournissoient auparavant, & par-là les autres Manufactures ont été abandonnées ou considérablement affoiblies.

C'est l'intelligence & la capacité des Négociants de Laigle qui a produit cet effet; ils ont fait faire la marchandise meilleure, & l'ont établie à meilleur marché, au moyen de quoi ils ont obtenu la préférence par-tout où ils se sont présentés.

Ils ont rendu les épingles meilleures, par leur attention à corriger les défauts des Ouvriers, & à exiger d'eux plus de soin dans la perfection de leur ouvrage.

Pour se mettre en état de donner leur marchandise à meilleur marché, ils ont, d'un côté, diminué le prix de la main d'œuvre, & de l'autre côté, ils se sont procuré les matieres à meilleure composition.

Ci-devant les Marchands de Laigle s'approvisionnoient de fil de laiton dans les magasins de Rouen & de Paris. Aucun d'eux n'alloit pas plus loin. Depuis environ 35 ans, plusieurs vont chercher ces matieres jusques dans les sources mêmes, c'est-à-dire dans les forges de Suede & d'Allemagne. Il y en a eu qui ont été jusqu'à arrher d'avance tout ce que les forges de Suede pouvoient en fabriquer pendant un an. De cette sorte le fil leur revient à beaucoup meilleur marché.

Comme la Manufacture est établie dans une petite Ville de Province, & qu'elle est même en grande partie répandue dans les campagnes voisines, où les denrées qui servent à la nourriture sont à bon marché; on peut plus aisément y mettre la main d'œuvre à bas prix; car les Ouvriers se déterminent toujours à travailler, pourvu qu'on leur donne une récompense qui puisse les faire subsister.

Cet article est tout-à-fait intéressant dans les Manufactures ; & c'est un avantage qu'on ne peut pas se procurer dans les grandes Villes où tout ce qui sert à la vie est beaucoup plus cher : c'est ce qui a fait tomber les Manufactures de Paris.

Enfin, autrefois les Marchands de Laigle n'envoyoient point leurs Marchandises ailleurs qu'à Paris, à Rouen, & aux Foires de Caen & Guibray; ils ne connoissoient point d'autres débouchés. Ceux d'aujourd'hui, non-seulement en envoyent directement dans toutes les Provinces & dans toutes les Villes du Royaume, mais encore en Italie, en Portugal, en Espagne, &c.

De-là il résulte un très-grand bien pour la Manufacture d'épingles de la Ville de Laigle, & cette Manufacture fait toute la richesse de ses habitants, qui, sans elle, seroient dans la plus grande misere. Par ce commerce plusieurs Marchands ont fait des fortunes considérables.

Cette Manufacture d'épingles, en donnant du travail aux habitants de Laigle & des environs, procure du pain à plus de six mille personnes, qui, sans elle, périroient de misere. Les deux sexes & tous les âges y trouvent de l'emploi. Les enfants y travaillent avant que de pouvoir parler; & les vieillards les plus caducs y trouvent des places où l'ouvrage est proportionné à leurs forces.

De la Maniere de fondre les Plaques d'étain ; par M. DE REAUMUR.

NOUS n'avons rien dit de ce qui regarde cette fonte, parce que nous ne voulions point interrompre ce que nous avions à dire sur le travail des épingles : l'étain dont les plaques sont faites, est acheté chez les Potiers d'étain ; on se sert ordinairement de celui qu'on appelle *en grille*, qui est disposé comme celui qu'on expose pour montre au devant de toutes les Boutiques. Cette façon ne fait rien à sa qualité ; le plus fin est le meilleur. On le fait fondre dans un chaudron de fer, & voici comment on le moule en tables ou en lames, lorsqu'il est fondu.

Sur une table de bois assez longue *q*, (*fig.* 6 & 18) & dont le dessus va un peu en pente : on étend une couverture de laine, que l'on recouvre d'une autre de coutil. On couche sur le haut bout de cette table, un chassis de bois *b*, à qui il manque un côté : on le nomme *le Moule*. Le diametre qu'on veut donner à la table d'étain, est plus petit que la distance d'un des côtés du moule à l'autre. On verse l'étain fondu dans ce moule; & à mesure qu'on le verse, on fait glisser le moule vers l'autre bout de la table; plus il glisse vîte, & plus la lame d'étain se forme mince; on en coule de la sorte une aussi longue que la table; ensuite par le moyen d'un compas, on la divise en plusieurs parties ou plaques circulaires *c* de grandeur proportionnée au diametre de la chaudiere à étamer. On garde les rognures pour s'en servir une autre fois.

Des Epingles de fer ; par M. DE REAUMUR.

NOUS n'avons parlé juſqu'ici que des épingles de laiton ; on en fait auſſi de fer, mais ce ſont les plus mauvaiſes ; on ne les vend preſque qu'aux femmes de la campagne. Il eſt même défendu aux Maîtres Epingliers de Paris, par le XIXe Article de leurs Statuts, d'en faire, ſous peine de quatre écus d'amende, & ce, dit cet Article, pour le profit & utilité publique. Apparemment que c'eſt parce que leur piquûre paſſe pour venimeuſe; c'eſt cependant à tort, elle le doit être moins que celle des épingles de laiton ; le fer n'eſt pas un métal auſſi à craindre que le cuivre; & le ſel ammoniac qu'on employe pour blanchir les épingles de fer, ne paroît pas capable de produire de plus mauvais effets que le ſel de la gravelée.

Mais ce qui les fait rejetter avec raiſon, c'eſt qu'elles ſont moins polies que celles de laiton; il leur reſte ſouvent des inégalités qui peuvent accrocher & déchirer le linge & les étoffes fines. Elles ont néanmoins pour elles un avantage, c'eſt leur dureté; elles ſont moins pliantes : ſi l'on prenoit, pour les polir, les mêmes ſoins qu'on prend pour polir les aiguilles, elles mériteroient la préférence ſur les épingles de laiton, & je ne ſais ſi la façon du poli les rendroit plus cheres.

Au reſte nous avons expliqué leur fabrique, en parlant de celle des épingles de laiton ; il n'y a de différence que dans la maniere de les blanchir. Après qu'elles ont été entêtées, on les met avec du ſon dans le même baquet (*fig.* 1 & 8), où nous avons vu agiter les autres. On les y agite pendant quelque temps ; car elles ne s'étament bien que quand elles ſont bien ſeches.

Pour les blanchir, on les met dans une cruche de terre non vernie (*fig.* 13), beaucoup plus groſſe vers la panſe que par en haut & par en bas. Cette cruche, dans les Epingleries, s'appelle une *Chance*. On la couche ſur un trépied *n* (*fig.* 5) au-deſſous duquel on fait du feu; on la remue de temps en temps, juſqu'à ce que toutes les épingles ayent pris une couleur entre le jaune & le bleu : alors on jette dans la chance ou cruche, une once d'étain fin en morceaux minces; on l'y fait fondre ; & lorſqu'il eſt bien fondu, on jette dans le même vaſe une demi-once de ſel ammoniac ; on bouche enſuite, avec un tampon de bois, l'ouverture de la chance, & l'Ouvrier la prend entre ſes deux bras ; il la ſecoue, faiſant aller les épingles d'un bout à l'autre *d* (*fig.* 3) ; il lui donne environ une cinquantaine de coups, après leſquels les épingles ſont blanches. Il débouche & vuide la chance dans un baquet plein d'eau froide ; au-deſſus de ce baquet eſt un crible aſſez large *e*, (*fig.* 7), & *K L* (*fig.* 14), compoſé de divers petits bâtons en croix; c'eſt dans ce crible qu'on verſe immédiatement les épingles; avant de tomber dans l'eau, elles paſſent entre ces bâtons qui les ſéparent, & les empêchent de ſe coller les unes aux autres.

On

On blanchissoit autrefois les épingles de laiton de la même maniere; mais cette façon n'est pas à beaucoup près aussi parfaite que celle qui est à présent en usage, & que nous avons tirée d'Angleterre il n'y a pas cinquante ans à ce que disent nos Ouvriers. C'est cette maniere de blanchir qui fait que nos épingles ne le cedent plus à celles que fabriquent les Anglois. Les épingles étamées dans la cruche de terre, par le moyen du sel ammoniac, ne sauroient être étamées aussi également & aussi uniment que les autres; l'étain même les rend raboteuses en divers endroits: les Ouvriers disent que l'étamure faite dans la chance est plus durable, & cela est vrai; mais ce n'est pas un avantage à compter pour les épingles; car on ne s'avise gueres d'appréhender qu'elles s'usent trop vîte.

On retire les épingles de fer de l'eau; on les met dans un sac de cuir avec du son où deux Ouvriers les agitent (*Pl. V, fig.* 4): chacun d'eux tient un des bouts du sac: c'est apparemment pour ménager leurs pointes plus cassantes que celles des épingles de laiton, qu'on est dans l'usage de les sécher dans le cuir & non dans la frottoire.

Additions de M. Duhamel.

La maniere de blanchir les épingles de laiton, qui a été expliquée par M. de Réaumur, se nomme *blanchir à l'eau*: celle qu'il décrit pour les épingles de fer, se nomme *étamer au pot.* Les épingles de laiton qu'on étamoit au pot, prenoient un recuit qui les rendoit plus molles; & en les secouant dans la chance, on émoussoit leur pointe.

On convient que le cuivre pris intérieurement est contraire à la santé; mais il paroît qu'on peut douter qu'il soit aussi contraire aux plaies que le pense M. de Réaumur. Le cuivre & même le verdet entrent dans plusieurs baumes & onguents qu'on emploie avec succès en Chirurgie: si l'on a une prévention contre les épingles de fer, c'est parce qu'elles font des piquûres plus profondes, & parce qu'étant souvent attaquées de la rouille, elles arrachent les chairs.

M. de Réaumur a fait remarquer plus haut, combien il falloit peu d'étain pour blanchir les épingles; effectivement les métaux peuvent être réduits en couches si minces, qu'on pourroit argenter les épingles sans presque augmenter leur prix: en voici le procédé.

Maniere d'argenter les Epingles.

Il faut prendre un demi-gros d'argent fin, & le faire dissoudre dans une demi-once d'eau forte; prendre ensuite une once de sel marin, & une once de tartre blanc; les bien pulvériser ensemble, & jetter ces sels dans l'eau forte où l'argent a été diſſous ; bien mêler le tout dans un mortier de verre ; & ſi l'eau forte ne ſuffiſoit pas pour rendre la pâte coulante, on y mettroit de l'eau ſimple juſqu'à ce que le tout fît une pâte molle : on peut garder cette compoſition très-longtemps. Lorſqu'elle eſt ſeche & que l'on veut s'en ſervir, l'on met un peu d'eau pour amollir la pâte. Pour l'employer, après avoir éclairci le laiton, on le frotte avec cette pâte ; ce qu'on peut exécuter dans la chance ou dans une petite frottoire : on lave enſuite les pieces dans de l'eau claire ; on les ſeche, comme il a été dit, avec du ſon : les épingles ſe trouvent ainſi argentées, à la vérité ſi ſuperficiellement, que les frottements font bientôt reparoître le cuivre ; mais il en eſt de même de l'étain avec lequel on les blanchit.

A quelles marques on connoît les bonnes Epingles ; par M. Duhamel

Les épingles doivent être roides proportionnellement à leur groſſeur : c'eſt un grand défaut pour des épingles que de plier quand on veut les faire entrer dans une étoffe qui réſiſte un peu. Il faut examiner avec ſoin ſi les pointes ſont bien formées, bien arrondies, & ſur-tout ſi elles n'égratignent point. La tête doit être bien arrondie, bien placée à l'extrémité de la hanſe, ſans pencher ni de côté ni d'autre. Enfin elles doivent être blanches comme ſi elles étoient argentées.

Différentes ſortes d'Epingles qui ont été d'uſage ; par M. Duhamel.

On faiſoit autrefois des épingles noires de fer, & ce ſont les ſeules épingles de fer qu'il ſoit permis à nos Epingliers de Paris de fabriquer ; mais la mode les leur a interdites pendant pluſieurs années ; on les portoit dans le deuil ; on a retranché cela de ce cérémonial. Les épingles noires ſont maintenant d'un uſage très-commun, parce que les femmes s'en ſervent pour ſoutenir les boucles de leurs cheveux. Elles ſont menues & longues d'un pouce trois quarts.

C'eſt un vernis noir qui leur donne cette couleur. Rien n'eſt plus ſimple & plus facile que de noircir des épingles de fer. On prend un pot de terre ; on l'emplit d'épingles ſur leſquelles on verſe de l'huile de lin, autant qu'il en faut pour mouiller toutes les épingles. Enſuite on met le pot chauffer auprès du feu ; pendant qu'il chauffe, on remue continuellement les épingles, de maniere à faire revenir au-deſſus celles qui ſont deſſous, ce qui ſe fait par un mouvement qu'on donne au pot en le tenant par la queue. Lorſque le pot eſt bien échauffé, il en ſort une fumée qui eſt d'une puanteur inſupportable : cependant les épingles ſe noirciſſent d'elles-mêmes ; & quand on voit qu'elles ſont bien noires, on retire le pot, & on renverſe les épingles ſur une feuille de gros papier, où on les étale le moins épais qu'on peut. En refroidissant elles se sechent, & prennent un vernis éclatant sans qu'il soit besoin d'ajouter d'autres drogues : l'huile seule produit cet effet. On se sert de la même méthode pour noircir les agraffes ou crochets à chapeau : on pourroit de même noircir toutes sortes de matiere de fer. Les épingles noires qu'on vend à Paris, au lieu d'être unies, sont rudes & raboteuses; on les rend telles exprès; elles ne servent qu'aux cheveux : si elles étoient unies, elles quitteroient aisément leur place, & tomberoient de la tête; quand elles sont rudes, elles tiennent mieux. Pour les rendre ainsi rudes, les Fabriquants mêlent dans l'huile de lin un peu d'huile de térébenthine; ils en mettent environ une demi-cuillerée pour cinq ou six livres d'épingles; car s'ils n'employoient que de l'huile de lin seulement, les épingles se trouveroient unies comme sont les agraffes ou crochets à chapeau.

Ce détail de la façon de noircir les épingles m'a été fourni par Monsieur DE CHALOUZIERE, *Juge de Police à Laigle, qui connoît parfaitement cet Art, & qui a bien voulu venir à notre secours dans les cas où nous lui avons témoigné en avoir besoin.*

On a vu autrefois des épingles qui avoient deux têtes, une à chaque bout. On m'a dit qu'elles servoient à assujettir les frisons ou les cheveux des femmes; cette mode est entiérement passée. Ces épingles se faisoient avec des hanses qui n'étoient point appointies, & qu'on entêtoit aux deux bouts.

On fait encore des épingles en pincettes; elles sont longues & menues; elles n'ont point de tête : c'est une seule tige pliée en deux que l'on écarte ou qu'on rapproche à son gré pour pincer & assujettir un frison. Pour les faire, on prend une hanse fine & longue de quatre pouces & demi ou cinq pouces; on l'appointit par les deux bouts; on la plie en deux, de sorte qu'une des branches soit un peu plus longue que l'autre : (voyez *Pl. V. fig.* 25). Elles sont de fer & noircies.

On voit aussi des épingles entêtées avec une petite boule d'émail; d'autres garnies de pierres fausses taillées, d'autres de diamants; mais ces sortes d'épingles n'appartiennent point à l'Art que nous traitons.

Divers petits Ouvrages que font les Epingliers; par M. DUHAMEL.

QUOIQUE les épingles soient le principal ouvrage de l'Epinglerie, cet Art s'étend à beaucoup d'autres qu'on fait avec le fil de fer & le laiton, & qui occupent entiérement les Epingliers de Paris. Depuis un temps assez considérable, ils ne font plus d'épingles, quoique par l'Article XXII de leurs Statuts, l'Aspirant à Maîtrise doive faire pour son chef-d'œuvre un millier d'épingles ; mais cet usage est aboli. A Laigle, les Ouvriers qui font ces petits ouvrages, se nomment *Crochetiers*, *Chaînetiers*, &c.

Les ouvrages ordinaires des Epingliers de Paris sont de petits clous d'épingles à l'usage des Ebénistes, des Layetiers, des Menuisiers, &c. des aiguilles de tablettes, des portes & agraffes, des annelets, des crochets, des grillages de fil de fer ou de laiton pour les Bibliotheques ou les garde-mangers, & divers autres petits ouvrages qui ne demandent pas beaucoup d'industrie : nous allons les détailler les uns après les autres.

Des Aiguilles de Tablettes.

Les aiguilles de tablettes sont de fortes & longues épingles, dont la pointe est menue & la tête fort grosse : les plus menues s'entêtent comme les épingles avec un fil roulé en élice, mais plus gros que celui des plus grosses épingles. A l'égard des aiguilles un peu grosses, il y en a dont la tête est ronde, & d'autres dont la tête est plate : voici comme elles se font.

On n'emploie point, pour les têtes rondes, du fil tourné en élice. Il le faudroit trop gros. On en prend qui est plat d'un côté *s* (*Pl. III*, *fig.* 19), & arrondi de l'autre. On lui donne cette forme, en passant le laiton entre deux cylindres de fer cannelés. On coupe un petit bout *s* de ce fil ; on le roule presque en cercle avec une pince ronde & un petit marteau ; on enfile cet anneau *r* (*fig.* 19) dans le gros bout de l'aiguille, & on frappe avec la machine à entêter, dont l'enclume, le poinçon & le poids sont proportionnés à la grosseur des têtes que l'on veut faire.

On entête aussi les aiguilles de tablettes avec des plaques de laiton (*Pl. V*, *fig.* 22). On diminue un peu le bout *a* de l'aiguille *M* ; on y place la petite plaque *n* qui est percée d'un trou qui est précisément de la grosseur de l'extrémité *a* de l'aiguille *M*. On saisit cette aiguille auprès de *a* dans un étau, & on rive sur la plaque l'extrémité de l'aiguille *M*, comme on le voit en *o*.

La plupart de ces aiguilles sont de laiton : on les blanchit comme les épingles, ou on tâche de leur donner la couleur la plus dorée qu'elles puissent recevoir. Pour cet effet on passe le fil à rebours dans la filiere, comme nous l'avons expliqué, afin de le gratter & enlever une couche mince de métal ; & quelquefois on employe pour cette opération des filieres dont les bords sont tranchants. Mais les Epingliers évitent le plus qu'ils le peuvent, d'avoir recours à ce moyen qui occasionne un déchet de près de trois onces par livre ; & ils aiment mieux faire bouillir leur fil avec la gravelée, & mettre plus de sel pour augmenter son effet ; néanmoins la gravelée ne peut jamais décrasser si parfaitement le laiton que la filiere.

Des

Des Aiguilles ou Broches à tricoter.

Les aiguilles ou broches à tricoter ne ſont que des brins de fil de fer ou de laiton, auxquels on fait aux deux bouts une pointe mouſſe ſur la meule de fer : il y en a de différentes groſſeurs, ſuivant le degré de fineſſe qu'on veut donner aux ouvrages de tricot : elles ſont auſſi de différentes longueurs : celles pour tricoter les gants fins n'ont que ſix pouces, & l'on en fait de 18 pouces pour tricoter des jupons.

Des petits Clous.

Les petits clous, ſoit de fil de fer, ſoit de laiton, ſe font avec du fil qu'on dreſſe, & qu'on coupe par tronçons de 13 à 14 pouces de longueur : on forme des pointes aux deux extrémités des tronçons, & on coupe les hanſes de la longueur que doivent avoir les clous ; mais le Trancheur n'eſt point aſſis par terre ; il ne ſe ſert ni de la chauſſe, ni de la boîte à couper ; il eſt debout vis-à-vis une forte table qui a, ſur trois de ſes côtés, des rebords de 7 à 8 pouces de hauteur pour retenir les hanſes que l'on coupe ; à un des angles de cette table eſt une lame horizontale de fer poli, qui ſert à diſpoſer tous les tronçons, de ſorte qu'ils ſoient d'une égale longueur ; ſur le deſſus de la table eſt établie une forte ciſaille fixée à cette table par une de ſes branches. Le Trancheur *a* (*Pl. VII, fig.* 1), placé debout devant la table *b*, prend au hazard un nombre de tronçons, plus quand ils ſont menus, moins quand ils ſont gros ; il appuie les bouts de tous ces tronçons, pour les égaler, ſur la plaque de fer *c*. Comme il n'a point de boîte pour déterminer la longueur, il a un morceau de fil de fer (*fig.* 16), dont l'extrémité *a b* forme un crochet qui eſt de la longueur de l'eſpece de clou qu'on veut couper ; ainſi l'Ouvrier ſe guide ſur cette meſure. J'ai vu quelques Epingliers qui appuyoient le bout du faiſceau qu'ils vouloient trancher, ſur une plaque verticale qui étoit plus ou moins éloignée de la ciſaille, ſelon qu'on vouloit faire des clous plus ou moins longs. Quand les deux bouts des tronçons ſont coupés, l'Empointeur leur fait de nouvelles pointes, & le Trancheur les coupe encore pour en faire des hanſes, ce qu'il continue juſqu'à ce que le fil ſoit entiérement coupé. Je paſſe rapidement ſur toutes ces opérations, parce qu'elles reſſemblent beaucoup au travail des épingles que nous avons amplement expliqué.

On vend quelques-unes de ces hanſes ſans leur faire de têtes ; mais on fait à la plupart une tête, non pas avec un fil roulé, comme aux épingles ; mais par un coup de marteau : pour cela on ſe ſert d'un outil appellé *Mordant* (*fig.* 3) ; c'eſt un petit étau à deux oreilles *b b*, qui a un grand reſſort *c c* ; ſur l'épaiſſeur des mâchoires *a a*, on a pratiqué de petites gouttieres dentées par en haut, pour empêcher la hanſe de gliſſer quand on frappe deſſus pour former la tête. On met ce mordant dans un plus grand étau (*fig.* 2); les oreilles *b b* s'appuient sur les mâchoires de cet étau.

L'Ouvrier tient continuellement de la main gauche, le levier qui fait agir la vis du grand étau : en détournant la vis, le grand étau s'ouvre & aussi le mordant ; il met dans une des entailles, avec sa main droite, une hanse, de sorte qu'elle excede les mâchoires du mordant d'environ une demi-ligne. Il serre le grand étau ; il prend, avec sa main droite, un marteau qui est sur la table, & il frappe un petit coup sur la partie de la hanse qui excede le mordant, ce qui suffit pour faire une petite tête *b* (*fig.* 4), qui convient aux Cordonniers : si les pointes sont pour les Layetiers, Menuisiers, Sculpteurs, &c. il donne d'abord un petit coup, puis un plus fort ; & il forme ainsi la tête *c* qui est plate & plus large que celle des pointes de Cordonniers. Pendant que la main gauche détourne la vis, & qu'elle ouvre l'étau, la main droite qui a pris une hanse, fait avec cette hanse tomber le clou qui a une tête, & il substitue à la place la hanse qu'il tient de la main droite. Sur le champ il reserre l'étau avec la main gauche ; & prenant avec la droite le marteau qui est à portée sur la table, il en frappe la tête, & rejette le marteau sur la table, pour reprendre de la main droite une nouvelle hanse.

Les meilleurs Ouvriers en font par jour 10 à 12 milles : le travail des têtes d'épingles va à peu près aussi vîte, quoique l'Ouvrier ait à exécuter un plus grand nombre d'opérations. Mais à l'égard des clous, il faut, pour faire une tête à chaque hanse, ouvrir & fermer une fois l'étau ; ce qui emploie du temps.

Les Layetiers, les Sculpteurs, les Gaîniers employent quelquefois des têtes mieux formées & qui sont rondes *d*. Ces clous se font comme ceux à tête plate ; mais après avoir donné un très-petit coup de marteau, on pose sur cette petite rivure, un poinçon (*fig.* 5), dont le bout est creusé comme une petite calotte ; en frappant sur ce poinçon, la tête prend une forme hémisphérique : on fait pour les Gaîniers de très-petits clous *e*.

On peut blanchir, comme les épingles, les clous de fer & de laiton ; & on peut jaunir les clous de laiton.

Des Crochets, Portes & Agraffes.

Les petits crochets, agraffes, portes qui sont employés, soit pour retrousser les chapeaux, soit pour tenir les jupes, corcets, &c. sont faits de fil de fer à qui on donne différentes formes, au moyen d'une pince *i* (*Pl. V*, *fig.* 21) : cette pince, au lieu de mâchoires plates, est terminée par deux poinçons arrondis. Cet instrument, une petite cisaille ou des tenailles tranchantes, sont les outils qui servent à faire ces petits ouvrages ; on pourroit néanmoins se pourvoir encore d'un petit marteau & d'une petite bigorne.

Pour faire une agraffe ordinaire, on commence par plier en deux le fil de fer *m* : on pose le bout *n* sur le plat de la bigorne, & on l'applattit un peu avec quelques coups de marteau ; ensuite avec la pince *i*, on recourbe les bouts *p o*, pour faire les anneaux *q r* ; enfin avec la même pince *i*, on recourbe l'extrémité *n* pour faire le crochet *l*.

Pour faire la porte *g h k*, il faut d'abord avec la pince *i* former les anneaux *h k*, puis recourber le fil pour faire la grande anse *g*.

A l'égard de la porte de Chapelier *g*, il faut commencer par disposer le fil comme on le voit en *f q*, puis rouler la branche *r s* sur le fil *f q*, pour former la partie *g* de la porte.

Le crochet *t*, *u* est un fil de fer appointi en *u* & recourbé en *t* & en *x*, comme on le voit dans la figure. Il y a de ces crochets qui ont deux pointes, parce que le crochet est formé de deux fils de fer.

Les hameçons *y z* sont faits d'un bout de fil de fer appointi en *z*, auquel on fait un anneau en *y*, & qu'on recourbe en &. On donne seulement un coup de ciseaux auprès de la pointe, pour lever une petite levre qui retienne l'hameçon dans la plaie qui a été faite par la pointe *z*.

Les Epingliers font encore des charnieres pour les Layetiers, en roulant un fil de laiton sur un autre fil droit, qui forme en même temps la broche de la charniere & un des côtés qui s'attache au-dessus de la boîte. (*Voy. Pl. V, fig.* 26).

Tous ces petits ustensiles peuvent rester dans la couleur du fer ou du laiton, ou être les uns blanchis avec l'étain, & les autres noircis, ainsi que nous l'avons expliqué plus haut.

Maniere de faire les Grillages des Bibliotheques.

POUR garnir de grillage un panneau de Bibliotheque (*Pl. V, fig.* 7*) ou de garde-manger *A B C D* (*Pl. VII, fig.* 6), l'Epinglier ayant décidé la grandeur qu'il veut donner aux mailles, il la prend avec un compas ; il la porte dans une petite feuillure que le Menuisier a faite à l'envers de son bâti, & il frappe un petit clou à tête dans chaque trou du compas, tant aux traverses horizontales *A B* & *C D*, qu'aux verticales *A C* & *B D*.

Il est sensible que si les clous étoient plus près à près dans les traverses *A B* & *C D* que dans les montants *A C* & *B D*, les mailles seroient comme le représente la figure 9 ; au contraire, si les clous étoient plus éloignés aux traverses *A B* & *C D* qu'aux montants *A C* & *B D*, les mailles seroient comme les montre la fig. 8 ; mais ordinairement on les veut comme elles sont représentées (*fig.* 10) ; ce qui exige qu'on place les clous à égale distance tant sur les traverses *AB* & *CD* que sur les montants *A C* & *B D*.

L'Epinglier décide ensuite la grosseur du fil qu'il veut employer ; &

afin qu'il ne rompe point en faisant les nœuds, il le recuit ; il le jaunit ensuite avec le tartre, & il le dresse, comme nous l'avons expliqué plus haut: mais en le dressant, il a soin de le couper de longueur ; & la pratique lui a appris qu'il faut que la longueur de chaque bout de fil soit trois fois la hauteur *A C* du panneau qu'il veut garnir, mettant 5, 6 ou 8 pouces de plus, suivant la hauteur du panneau. On plie les bouts en deux ; on met le pli sur chaque clou de la traverse *A B*, & on les arrête par un nœud qui se fait en tortillant une fois les deux bouts du même fil l'un sur l'autre, comme si l'on vouloit en former une corde. Tous les clous de la traverse *A B*, étant ainsi garnis de fil, dont deux bouts répondent à chaque clou, comme on le voit (*fig.* 6), il s'agit de faire les mailles ; c'est ce que nous allons expliquer.

L'Ouvrier, dans l'attitude représentée (*Pl. V*, *fig.* 7*), prend un des fils du clou, n° 1 (*Pl. VII*, *fig.* 6), qui doit être à une demi-distance de la feuillure *A C* ; on lui fait faire une révolution autour du clou *a* ; ce qui fait la demi-maille ponctuée (*fig.* 6 & *a fig.* 7) ; puis rapprochant l'un de l'autre le fil du clou 1 avec un des fils du clou 2, comme le désignent les lignes ponctuées, on forme, à la réunion, un nœud 12, en leur faisant faire l'un sur l'autre deux révolutions, ce qui fait une demi-maille *b* (*fig.* 7) ; on réunit de même l'autre bout du clou 2, avec un des bouts du clou 3 ; l'autre bout 3, avec un des bouts du clou 4 ; l'autre bout 4, avec un des bouts 5, & ainsi dans toute la longueur de la traverse *A B*, ce qui fait les demi-mailles *a b c d e f g h i k l m*, (*fig.* 7). On conçoit qu'alors l'Ouvrier pend deux fils de tous les nœuds, 12, 13, 14, 15, 16, 17, 18, 19, 20, 21 (*fig.* 6). Pour faire le premier rang de mailles entieres, on prend un des bouts du nœud 12 (*fig.* 6) qu'on entortille avec le fil qui pend au clou *a*, ce qui fait le nœud *n* (*fig.* 7) ; puis rapprochant l'autre fil 12, d'un fil du nœud 13, on fait un nœud *o* : avec l'autre fil du nœud 13, & avec un du nœud 14, on fait le nœud *p* ; & en continuant de même dans toute la longueur, on a le premier rang de mailles entieres : en répétant cette manœuvre dans toute l'étendue du panneau, il se trouve garni de mailles ; & quand on est arrivé à la traverse *C D*, on arrête les bouts de fil qui répondent à chaque clou en les tordant l'un sur l'autre avec des pinces, & en frappant les clous pour que leurs têtes appuient sur les fils.

Pour que l'ouvrage soit bien fait, il faut que l'Ouvrier, à chaque maille qu'il fait, regarde si elle est bien lozangée, & si le nœud qu'il va faire, répond bien aux autres nœuds, soit dans le sens horizontal, soit dans le sens vertical. Quand les Apprentifs manquent en ce point, leurs mailles sont difformes, & les fils qui étoient bien distribués dans toute la longueur de l'ouvrage, se trouvent en plus grand nombre d'un côté que d'un autre ; ils ne peuvent réparer ce défaut qu'en faisant à dessein des mailles irrégulieres, dont

dont l'irrégularité est dans un sens différent de celles qu'ils avoient faites par ignorance ou faute d'attention. Ainsi, quand on reçoit ces ouvrages, il faut prêter attention aux mailles, pour voir si elles sont pareilles & égales, & voir si tous les nœuds se répondent bien exactement, tant de haut en bas, que de droite & de gauche.

De plus, comme les grillages sont d'autant plus chers que les fils sont plus gros, & les mailles plus petites, il faut examiner si l'Epinglier s'est conformé au modele dont on est convenu ; car ces Ouvriers ont des modeles de grillages de toutes les façons, sur lesquels on fait le marché ; & quand on en a choisi un, l'Epinglier doit s'y conformer.

On fait de ces grillages, en ne faisant qu'une révolution à chaque nœud (*Pl. V*, *fig.* 24) ; mais il est à propos d'en faire deux, comme on le voit en *S*. Le grillage en est toujours mieux tendu ; & de plus, quand il n'y a qu'une révolution, si un fil vient à rompre, tout se dérange ; au lieu que les deux révolutions font un nœud solide, & le dérangement ne s'étend pas au-delà de la maille.

On pourroit varier la forme des mailles, en faisant à chaque nœud trois ou quatre révolutions au lieu de deux ; mais l'ouvrage en seroit plus coûteux, & ne présenteroit rien de plus agréable à la vue.

Quelquefois les Epingliers montent leurs grillages sur un chassis de gros fil de fer (*fig.* 11), qu'on cloue ensuite dans la feuillure de la menuiserie ; cela se pratique pour les ouvrages qu'on envoye en campagne.

Quand les panneaux sont fort grands, on soutient le grillage, de distance en distance, par des traverses de gros fil de fer ou de laiton, sur lesquels on tranchefile le grillage, c'est-à-dire, qu'on le coud, en quelque façon, avec des révolutions d'un fil de laiton très-fin qu'on roule autour des traverses de gros fil, & encore autour des mailles du grillage.

Un petit chef-d'œuvre de l'Epinglier est de faire des cribles de fil de laiton, pour nettoyer les grains : les mailles en doivent être alongées, comme on le voit (*Pl. VII*, *fig.* 11) ; il en faut proportionner la grandeur à la grosseur des grains qu'on veut nettoyer.

Pour cela on met les fils près à près sur les traverses *A B*, & fort éloignés sur les montants *A C* & *B D* ; ce qui rend les mailles fort alongées. On ne tortille point les fils verticaux, 1, 1 : 2, 2 : 3, 3, &c (*fig.* 12), les uns sur les autres ; mais on les joint par un fil fin horizontal *a b*, qu'on entortille autour des fils 1, 1 : 2, 2 : 3, 3, comme on le voit (*fig.* 12).

Quant aux cribles ordinaires de fil de fer qui sont inclinés, & dont tous les fils sont paralleles (*fig.* 13), on tend sur un chassis 3, 4 ou 5 fils *A A A*, *B B B* ; après avoir dressé du fil de fer sans le recuire, on le coupe par bouts de 25 ou 28 pouces de longueur, & on les arrange sur les fils *A B*, comme on voit les fils *C* ; puis on tranchefile les fils *C* sur les fils *A B*, avec un fil de laiton fin & bien recuit *D*, en faisant avec le fil fin une seule révolution autour des fils *A B* & des fils *C*, comme on le voit en *E*. Il faut mettre les fils *C* assez près les uns des autres, pour que les grains de froment ou d'orge ne puissent pas passer au travers.

Les cages à Perroquets & les Souricieres se font de même en tranchefilant avec du fil de laiton, les brins de fil de fer sur des traverses.

Pour faire en fil de fer les treillages des espaliers, on scelle à la muraille trois files de crochets; savoir, une au haut *A A* (*fig.* 14), une au milieu *BB*, & une au bas *CC*; on scelle aussi, de toise en toise, des files de crochets de haut en bas, comme *DD* & *EE*; ensuite on tend des fils de haut en bas, & on les attache aux crochets d'en haut, en tortillant le bout du fil de fer recuit autour de chaque crochet & aussi autour de lui-même, comme on le voit (*fig.* 15). Quand tous les fils sont coupés de longueur, on leur fait faire une révolution autour des crochets du milieu *B B*, & on les arrête aux crochets d'en bas *CC*, comme le représente la figure 15. Ces fils verticaux étant bien tendus, on tend les fils horizontaux dans le sens de *A A*, *BB* & *CC*, & on les arrête aux files de crochets verticaux *D D* & *E E*, &c, comme on a fait pour les fils qui sont tendus verticalement; ainsi les derniers fils croisent les autres à angle droit, de sorte que les uns & les autres forment de grandes mailles quarrées : on trouve qu'elles ont plus de grace en leur donnant un quart plus de hauteur que de largeur. Enfin, avec du fil de laiton menu & bien recuit, on fait à chaque endroit où les fils verticaux sont croisés par les horizontaux, un petit nœud en tortillant ce petit fil de laiton sur lui-même, & le coupant à chaque nœud; il faut de plus que ces nœuds attachent les fils aux crochets, par-tout où il s'en rencontre. La tricoise *a* (*Pl. VI*, *fig.* 12) dont on se sert, doit être coupante; en la serrant peu, on tortille le fil; & quand il est tortillé, on serre la tricoise pour le couper, & on donne un petit coup avec la même tricoise pour recourber le fil tortillé.

On passe avec un petit pinceau une couche de couleur noire broyée à l'huile, pour empêcher le fil de fer de se rouiller. Les treillages de fil de cuivre n'étant point sujets à la rouille, sont bien meilleurs que ceux de fil de fer; mais aussi ils sont beaucoup plus chers.

EXPLICATION DES FIGURES.

PLANCHE PREMIERE.

FIGURE 1, une filiere vue par le côté où les trous sont les plus évasés.

Figure 2, la coupe de la filiere *A B* par son épaisseur, & suivant la file des trous, pour faire voir comme ces trous *C D* sont coniques.

Figure 3, la filiere *AB* étant placée verticalement dans une grande mortaise qu'on a faite à l'établi *c d*, on l'assujettit fermement avec le coin *e* : le Tireur ajuste les trous avec le poinçon *f*, & il passe dans le trou ajusté un fil *gg*, pour essayer s'il est précisément de la grosseur qu'on le desire.

Figure 4, le poinçon *f* de la figure précédente, mais représenté plus en grand *F*.

Figure 5, la jauge qui est faite avec un fort fil de fer : les espaces qui sont vis-à-vis les chiffres 1, 2, 3, &c, sont comme autant de compas d'épaisseur qui servent à calibrer les fils.

Figure 6, cette figure représente un établi tout disposé pour tirer du fil à la bobine : *C D*, le dessus de l'établi : *B*, la filiere placée horizontalement entre les chevilles qui l'assujettissent : *A*, le tourniquet sur lequel est la piece de fil qu'on veut passer par la filiere : *G G*, les pieds qui supportent l'établi : *H* billot, sur lequel on frappe la filiere avec le marteau *K*, pour diminuer le diametre des trous : *i*, cheville de bois enfoncée sur la table au milieu d'un fond de chapeau : c'est sur cette cheville qu'on lime le bout du fil pour lui faire la pressure, en le mettant de grosseur à passer dans les trous de la filiere.

Figure 8. Tourniquet un peu différemment disposé que celui qui est sur la table.

Figure 9. Fil de Hambourg.

Figure 10. Fil de Suede à l'X.

Figure 11. Fil de Suede à l'Arbre.

Figure 12. Fil de Nuremberg, à trois Couronnes.

Figure 13. Fil de Hesse.

Figure 14. Fil à l'M.

Figure 15. Fil à l'Araignée.

Figure 16. Fil de Namur.

PLANCHE II.

Figure 1. Elle repréſente un Ouvrier qui nettoie, jaunit ou déroche des pieces de laiton. Cette opération ſe fait, en faiſant bouillir dans une marmitte de fer *b*, des pieces de laiton avec de l'eau & du tartre. L'Ouvrier *c* les retire de l'eau, & il les bat ſur un billot *a*.

Figure 2. Elle repréſente un Ouvrier qui redreſſe du fil de laiton : *d* tourniquet ſur lequel eſt la piece de laiton : *s*, engin ou planche ſur laquelle ſont enfoncées des pointes de clous entre leſquelles paſſe le fil *e* qui eſt tiré par un Ouvrier *g* : *h h*, un faiſceau de fil dreſſé & couché par terre ; on nomme quelquefois ce faiſceau une *cueillée* de *dreſſées*.

Figure 3, eſt un Ouvrier qui coupe les dreſſées par bouts, pour en faire des tronçons : *h* le moule qui ſert à couper les tronçons d'égale longueur : *i*, la main qui tient la ciſaille : *g*, le paquet de *dreſſées* : *k*, jatte où l'on met les tronçons.

M. de Chalouziere m'a fait remarquer que dans le diſcours il y a de l'amphibologie ſur la maniere de ſe ſervir de la ciſaille. Pour diſſiper ces eſpeces de contradictions, il faut ſavoir que la branche inférieure des ciſailles qui eſt applatie en forme de palette, ne porte point ſur le plancher ; elle s'appuie ſur le genou droit de l'Ouvrier, ou plutôt elle eſt comme enchâſſée dans ſon jarret droit, & la main droite eſt poſée ſur la branche ſupérieure ; le genou & la main ſe mettant en mouvement enſemble, ſe prêtent mutuellement ſecours, & procurent aux ciſailles un mouvement aſſez fort pour couper les hanſes ou les tronçons.

Figure 4. Ouvrier qui coupe les tronçons après qu'ils ont été empointés, pour en faire des hanſes. La chauſſe eſt attachée ſur ſon genou gauche ; il tient les ciſailles de la main droite : *l* eſt une jatte dans laquelle il met les hanſes.

Figure 5. Empointeur qui forme les pointes au bout des tronçons, en les aiguiſant ſur une meule d'acier.

Figure 6 repréſente la grande roue qui fait tourner la meule, & l'Ouvrier qui la fait mouvoir.

Figure 7, eſt un autre Empointeur qui finit les pointes en les paſſant ſur une meule plus fine.

Figure 8, eſt la grande roue, & celui qui la fait tourner.

Figure 8 *, au-deſſous de la Vignette on voit repréſentées deux bottes de fil de laiton, telles qu'on les vend aux Epingliers : *A B*, bottes : *C B*, marques qui ſont repréſentées en grand ſur la Planche I ; elles ſont attachées en *E*.

Figure 9. Les bottes ſont formées de 20 ou 30 pieces, &c. Cette figure repréſente une piece qu'on a tirée d'une botte, & qu'on a pliée en

8

8 de chiffre : les côtés *A* touchent en *E* ; on rabat le côté *F* ſur le côté *G*, ce qui forme un anneau.

Figure 10. Elle repréſente cet anneau tel qu'il doit être pour le mettre dans la chaudiere *b* (*fig.* 1).

Figure 11. Elle repréſente la diſpoſition du tourniquet & de l'engin pour redreſſer le fil : *G*, le tourniquet : *L*, piece de fil ſur le tourniquet : *H*, la dipoſition des pointes de l'engin : *I*, le fil qui s'entrelaſſe entre les pointes : *K*, d'autres pointes pour redreſſer des fils d'une autre groſſeur.

Figure 12. C'eſt une boîte à couper les tronçons : *L I*, le côté ſur lequel doivent appuyer les fils de laiton, pour qu'ils ſoient tous de même longueur : *N*, le bout de la boîte qui détermine la longueur des tronçons. *M*, *Cœuillée* ou paquet de fil dont les bouts appuient ſur la piece *L* qui eſt de fer.

Figure 13. La chauſſe, qui eſt une eſpece d'étau que les Coupeurs attachent à leur cuiſſe gauche, & qui ſert à aſſujettir les bouts de fil de laiton réunis en faiſceau, & qu'on veut couper : *i i*, morceau de bois creuſé de façon qu'il puiſſe s'ajuſter ſur la rondeur de la cuiſſe : *K K*, une doublure de feutre qui doit ſervir à empêcher que la chauſſe ne bleſſe la cuiſſe : *l l*, des courroies qu'on entortille autour de la cuiſſe, pour aſſujettir deſſus la ſelle ; & pour qu'elle ſoit tenue plus fermement, on paſſe les courroies ſur la cheville *o* qui fait une ſaillie, comme on le voit à la figure 14 : *m*, plaque de fer fermement attachée à la partie de bois *i i* : *p p*, crampons de fer qui s'élevent ſur la plaque de fer *m*. Ils ont chacun une ouverture pour recevoir la clavette de fer *n* qu'on nomme *la croſſe*.

Figure 14. Elle repréſente la chauſſe avec le moule pour rogner les hanſes ; & un tronçon aſſujetti ſur la chauſſe par la croſſe : *s s*, le moule pour couper les hanſes de longueur ; ces petits moules ſont ordinairement de fer, & ils ont deux côtés, l'un plus grand que l'autre, afin qu'ils puiſſent ſervir à deux ſortes d'épingles : *r*, le tronçon qu'on veut couper en hanſe ; il eſt aſſujetti ſur la chauſſe *p p* par la clavette *q* : *o*, eſt la cheville repréſentée par la même lettre ſur la figure 13 ; mais cette cheville devroit être reçue dans le bois de la chauſſe *p p*, au lieu qu'elle fait trop de ſaillie, ce qui bleſſeroit la cuiſſe du Coupeur : *l*, ciſailles qui ſervent pour couper les fils de laiton.

Figure 15. *N N*, tronçon ou faiſceau de fil de laiton coupé de longueur pour faire 3, 4, ou 5 longueurs d'épingles.

Figure 16. Une meule de fer avec les ſtries pour empointer ou former les pointes : *O*, la circonférence de cette meule : *p*, le vuide intérieur.

J'ai oublié dans le diſcours de faire remarquer que les meules à empointer ſont toujours plus grandes que celles à repaſſer, & encore qu'elles ſont grandes ou petites, ſelon que les épingles ſont plus longues ou plus courtes. Pour empointer les plus petites épingles, il faut de très-petites meules, ſans cela les Empointeurs ne pourroient pas atteindre la meule avec la pointe des épingles; car ils courroient riſque de ſe déchirer les doigts. Pour les groſſes ſortes, les meules neuves ont environ dix pouces de diametre: elles diminuent à force de ſervir.

Il n'eſt pas exact de dire que les meules des Empointeurs ſont couvertes d'acier; elles ſont toutes de fer, mais trempées en paquet, ce qui convertit la ſuperficie en acier.

On a bien dit, page 20, qu'il faut prêter attention à ce que la meule ſoit dans un parfait équilibre; mais il eſt bon d'ajouter que, ſans cet équilibre, elle feroit des ſaults qui empêcheroient de bien former les pointes; & s'ils étoient aſſez forts pour faire échapper la meule, l'Ouvrier courroit riſque d'être bleſſé, & même d'être tué.

Figure 17. Bloc dans lequel eſt établi la meule d'acier pour empointer: *TT*, pieces qui portent l'eſſieu de la meule: *V*, la meule ſur ſon eſſieu: *X*, entaille par où paſſe la corde qui communique le mouvement de la grande roue à la meule: *Z*, Verre reçu dans un chaſſis pour empêcher que la limaille n'offenſe les yeux de l'Empointeur: ce verre eſt principalement néceſſaire à ceux qui empointent des épingles de fer, & des aiguilles à tricotter: *a*, plaque de fer poli, ou quelquefois de corne, qui ſert à l'Empointeur à aligner l'extrémité des fils de laiton qu'il tient entre ſes doigts, avant de les préſenter ſur la meule: on a rompu le côté de ce bloc pour faire mieux appercevoir la meule, ſon eſſieu & ſes ſupports.

Figure 18. Elle fait voir la diſpoſition des mains de l'Empointeur, pour préſenter les fils à la meule.

Figure 19. Coupe d'une meule à finir: les hachures de cette meule ſont plus fines que celles de la figure 16, parce qu'elle eſt deſtinée à perfectionner les pointes.

Figure 20. Le même moule qui eſt repréſenté fig. 14, mais vu dans une autre poſition.

Figure 21. *b b*, Ecuelle de bois pour mettre les hanſes.

Figure 22. Sabot où l'on met les bouts reſtants de cuivre de laiton pour les vendre à d'autres Ouvriers qui les refondent.

Figure 23. *x*, Tenailles ou tricoiſes à l'uſage principalement du Dreſſeur.

Figure 24. Elle repréſente des épingles de différente grandeur & groſſeur: les numéros 3, 4, 5, &c, marquent des épingles de différentes grandeurs: le numéro 20 eſt l'épingle tapiſſiere qui ſert de clou: les numéros 21, 22, 23 & 24 ſont les grandes épingles qu'on nomme *Ouſſeau*: le n°. 25 eſt une épingle ſans pointe, & le n°. 26 une hanſe ou une épingle ſans tête.

PLANCHE III.

FIGURE I. Elle repréſente un Tourneur de têtes, ou un Ouvrier qui fait de la cannetille qu'on nomme du *Fil à tête* : *a*, aiguille ou moule à cannetille ; c'eſt un fil de laiton qui doit être de même groſſeur que les hanſes de l'eſpece d'épingle qu'on veut entêter : *b*, eſt un tourniquet ſur lequel eſt la piece de laiton qu'on doit rouler ſur le moule : *c*, la bobine qui fait tourner le moule avec ſes ſupports : *d*, la grande joue du tour : *e*, l'Ouvrier.

Figure 2. C'eſt un Coupeur de tête en attitude. Il coupe avec des ciſeaux les fils à tête, de ſorte que chaque petit bout ait deux révolutions de fil : *a*, l'Ouvrier : *b*, les ciſeaux : *c*, petit eſcabot ſur lequel l'Ouvrier eſt aſſis : *d e*, les écuelles où il met les têtes à meſure qu'il les coupe.

Figure 3. Ouvrier qui entête des épingles : *g*, boîte de carton dans laquelle ſont les têtes : *f*, boîte dans laquelle ſont les épingles entêtées. L'Ouvrier poſe de ſa main droite une épingle ſur cette enclume *p*, pendant que de la main gauche il fait entrer une hanſe dans une tête : *h i*, balancier attaché par le bout *h* à l'arbre *m* du poinçon, & par le bout *i* à une corde qui répond au marchepied *k* : *l*, l'endroit où l'Ouvrier poſe ſon pied pour appuyer ſur la marche : *n*, billot ſur lequel eſt établi l'enclume à entêter : *o o o*, les pieds qui portent le billot : *p*, l'enclume : *q q*, les montants qui ſoutiennent le poinçon qui eſt immédiatement au-deſſus de l'enclume : *r*, traverſe qui lie par en haut les deux montants : *m*, l'arbre du poinçon : *s s*, deux barres de fer qui ſervent à conduire bien verticalement le poinçon ſur l'enclume.

Figure 4. Cheminée dans laquelle eſt une chaudiere *p* remplie d'épingles qu'on veut blanchir : cette chaudiere eſt poſée ſur un trépied *q*.

Figure 5. C'eſt un billot ſur lequel peuvent travailler quatre Ouvriers : il y a des billots pour ſix Ouvriers : *m*, une enclume, & au-deſſus ſon poinçon : pour éviter de rendre la figure trop confuſe, on n'a point mis d'Ouvrier à cette place : *n*, autre enclume : on a ſupprimé le poinçon de celle-ci, parce qu'il auroit caché ce qui doit ſe voir derriere : *o*, ſellette de l'Ouvrier qui doit travailler à cette place.

Figure 6. C'eſt le bout *c* du rouet de la figure 1, mais repréſenté plus en grand : *B*, endroit où le banc eſt coupé : *A*, eſpece de poupée ſur laquelle ſont aſſemblées les deux pieces *C D*, qui portent l'eſſieu de la petite poulie où paſſe la corde qui communique à cet eſſieu le mouvement de la grande roue : *E*, bout de cet eſſieu qui déborde le rouet, & auquel on attache le moule *O* & le fil à tête *N* : *F*, repréſente la porte ou le petit inſtrument qui ſert à rouler le fil de tête ſur le moule : *G H*, repréſente, d'une grandeur à peu près naturelle, le bout de l'arbre *E*, pour faire voir comment le moule

& le fil à tête s'ajustent au bout de cet arbre : *I G*, le moule qui entre en *G* dans l'essieu qui est creusé comme le bout d'une clef : *H*, entaille & courroie qui sert à assujettir le moule à l'extrémité de cette broche ; entre *G* & *K* le moule est couvert par les révolutions du fil de tête qui forme la cannetille : *L*, est le manche de la porte : *K*, le demi-anneau de la porte où l'on passe le fil de tête pour le rouler sur le moule : *M*, cheville qui empêche le moule de sautiller : *I K*, est une partie du moule qui n'est point encore couvert de cannetille : *M* 2, *M* 2, des moules de différente grosseur & de grandeur naturelle avec le fil de tête qui les enveloppe par un bout.

Figure 7. *N*, fils de tête tournés en cannetille & de grandeur à peu près naturelle : *O*, les ciseaux qui sont dessinés sur une plus petite échelle : on ne les a pas proportionnés à la grandeur des fils, parce qu'ils seroient devenus trop grands : *P*, boîte de carton qui reçoit les têtes coupées.

Figure 8. Machine à entêter pour un seul Ouvrier, dessinée plus en grand que la figure 3 : *N*, billot qui sert de base à la machine : *R* 2, carton où l'on met les hanses & les têtes : *R* 3, carton où l'on met les épingles entêtées : *S S*, montants de bois : *T*, traverse qui lie l'un à l'autre les montants par en haut : *V*, l'enclume : *Z*, le poinçon qui doit frapper sur l'enclume : les deux barres de fer *X X*, & la traverse *Y*, servent de conducteurs au poinçon qui doit tomber bien verticalement & bien précisément sur l'enclume : *a*, rondelles de plomb dont est chargé l'arbre du poinçon : *b*, l'extrémité supérieure de l'arbre du poinçon qui est lié par une corde à l'extrémité *c* du levier. *Nota* que le point d'appui *d* de ce levier est établi sur un des montants de la machine, ce qui fait une petite différence de la figure 3. *t*, corde qui répond à la marche *f g* ; cette marche est arrêtée en *g*.

Figure 8 *. Plan d'un billot pour établir quatre machines à entêter, pris au-dessus des enclumes : *n*, la traverse *T T* de la figure 8 ; elle couvre une enclume : *r*, le levier ou la bringballe *c e* de la figure 8 : *o*, plomb du poinçon qui cache une autre enclume ; il est coté *a* sur la figure 8 : *p*, enclume qui est coté *V* sur la figure 8 : *q*, trou qui doit recevoir la quatrieme enclume : *s s*, trous qui doivent recevoir les barreaux de fer *XX* de la figure 8 : *t t*, les deux montants de bois cotés *S S* à la figure 8 : *u*, boîte de carton où sont les têtes & les hanses, coté *R* 2 (*fig.* 8) : *x*, boîte de carton où l'on met les épingles entêtées, coté *R* 3 (*fig.* 8).

Figure 9. Enclume dessinée d'une grandeur à peu près naturelle : *h*, le trou hémisphérique qui doit recevoir la tête : *i*, entaille où l'on met la hanse dans la cavité de cette enclume. On voit ici une épingle dont la tête n'est pas encore rendue à l'extrémité de la hanse, & qu'on y conduit en tirant la pointe *i*.

Figure 10. Enclume qui a quatre trous hémisphériques, & quatre entailles de de diverses grandeurs *mm*, pour entêter des épingles des différents numéros.

Figure 11. Poinçon presque de grandeur naturelle; sur la face *i* on voit un trou hémisphérique qui doit répondre à celui de l'enclume, mais point d'entaille.

Figure 12. *K*, Bouttereau; c'est le poinçon d'acier qui sert à percer les trous des enclumes.

Figure 13. Lime qui sert à ajuster les entailles des enclumes; la partie *l* de celle-ci est quarrée.

Figure 14. Marmitte de cuivre pour blanchir les épingles: *u*, son embouchure: *x*, son fond: *y*, son couvercle: on la voit sur le feu (*fig.* 4).

Figure 15. Croix de fer pour mettre les épingles en pile, avec, entre les lits d'épingles, des plaques d'étain: 1,1: 3,3, les barres de fer qui forment la croix: 2,2, cordons qui servent à la transporter.

Figure 16. Plaque d'étain sur laquelle on arrange les épingles: 4, les épingles qui couvrent cette plaque d'étain.

Figure 17. Elle représente une pile complette de plaques d'étain, & de lits d'épingles qui sont posés alternativement les uns sur les autres. Depuis 9 jusqu'à 10, tout est porté par la croix de fer, & les cordons 12 & 13, qui répondent à la croix 9, servent à enlever cette pile pour la mettre ou la retirer de la chaudiere. Depuis 10 jusqu'à 11, les plaques & les épingles sont supportées par une plaque d'étain 5 (*fig.* 18) qui a des cordons particuliers 6 (*fig.* 18), & 14 (*fig.* 17): 7 & 8 représentent la face de dessous de la plaque d'étain *s*.

Figure 19. *s*, bout de fil de laiton qu'on a passé entre deux cylindres pour le rendre plat sur une face & rond sur l'autre; il est destiné à faire la tête de l'aiguille *r*, qui est une aiguille de tablette.

PLANCHE IV *prise sur les desseins de M.* PERRONET.

FIGURE 1. Elle représente, de grandeur naturelle, la position des clous sur l'engin, tels qu'ils doivent être pour dresser le fil propre à faire les épingles du n° 16. Ces clous occupent à peu près une longueur de deux pouces 4 lignes. Si l'engin étoit disposé pour faire des épingles du numéro 6, les clous occuperoient à peu près une longueur de quatre pouces, & ainsi à proportion des autres grosseurs, en augmentant d'une ligne au-dessus du numéro 10, & en diminuant d'autant au-dessous.

Figure 2. Les cisailles *A B* pour couper les dressées: les branches *C D* sont fortes: la branche *C* est recourbée en *E*, pour que la main du Coupeur qui est en *C*, ne soit point pincée, & la branche *D* est applatie & se termine en palette, comme on le voit en *F*, pour qu'elle ne blesse pas la cuisse qui aide à la main à faire agir la cisaille.

Figure 3. Elle repréſente les ciſeaux pour couper les têtes qu'on nomme *Ciſeaux camards*, parce que les lames ſont minces & plates, pour qu'elles puiſſent ſervir à égaler l'extrémité des moulées qu'on frappe deſſus leur plat. Au reſte les branches de ces ciſeaux ſont à peu près comme celles des ciſailles à couper les dreſſées & tronçons.

Figure 4. Le plan d'un têtoir à ſix places : *a* planchettes pour ſupporter les coudes de l'Ouvrier : *b*, leur attache ſur le billot *g* : *c*, calottes de chapeau dans leſquelles on met les hanſes & les têtes : *d*, endroit où on jette les épingles entêtées : *e*, chandelier pour éclairer tous les Ouvriers : *f*, endroit où ſont les étais qui répondent au plancher pour affermir le billot : *h*, les montants cotés *C* dans la figure 5.

Figure 5. Elévation du même têtoir : *A*, le billot : *B*, les pieds qui le ſupportent : *C*, montants qui ſupportent l'outibot : *D*, traverſes qui tiennent les unes avec les autres les montants *C* : *O*, coins qui ſerrent les montants de fer *F* dans les traverſes *D* pour les affermir : *G*, maſſif de plomb, dans lequel entre le bout des barres *F* : *H*, barre de l'outibot : *I*, trou où paſſe la corde qui ſouleve l'outibot : *K*, l'extrémité d'en bas de l'outibot : *L*, barre de fer qui eſt traverſée par les montants *F* ; & qui eſt ſolidement attachée au bas *K* de l'outibot : *N*, morceau de plomb qui charge l'outibot : *O*, les coins qui affermiſſent les montants *F* dans les trous *E* : *P*, le poinçon : *Q*, canon de fer qui reçoit l'enclume *S* : *R*, la partie du canon qui entre dans le billot.

Figure 6. L'outibot deſſiné de grandeur naturelle ; les mêmes lettres indiquent les mêmes choſes que dans la figure 5, & il en eſt de même des figures ſuivantes.

Figure 7. La traverſe *L* : *l*, le trou par où paſſe l'outibot.

Figure 8. L'extrémité d'en bas de l'outibot pour recevoir le poinçon *P*.

Figure 9. Le poinçon vu par deſſous pour faire voir les trous hémiſphériques qui doivent recevoir les têtes des épingles.

Figure 10. Canon qui reçoit l'enclume ; la partie *R* entre dans le billot : *r*, l'endroit où l'on poſe l'enclume.

Figure 11. *S*, l'élévation de l'enclume.

Figure 12. *T*, le deſſus de l'enclume.

PLANCHE V.

Figure 1. Pour décraſſer & jaunir les épingles, il les faut laver dans de l'eau claire où l'on ajoute de la gravelée : *a*, le baquet où les épingles ſont dans l'eau & la gravelée : *b*, chaîne qui ſert d'anſe au baquet : *c*, un levier de bois qui étant paſſé dans la chaîne, ſoutient le baquet élevé de 3 ou 4 pieds au-deſſus de terre. *d*, Ouvrier qui agite le baquet pour exciter un mouvement dans toutes les épingles.

Figure 2. Il faut enſuite deſſécher les épingles en les frottant dans du ſon : *a*, aſſemblage de charpente qui ſoutient un baril *b* : au moyen d'un axe *c*, un Ouvrier *l*, en tournant la manivelle *d*, imprime un mouvement aux épingles & au ſon qu'on a mis dans le baril ; cet inſtrument s'appelle *Frottoire*. On voit au milieu du baril une ouverture par laquelle on y introduit & on en retire le ſon & les épingles.

Figure 3. Un Ouvrier qui tient une ſorte de cruche qu'on nomme une *Chance*. Le petit bout du côté de *c* eſt fermé ; le gros bout *d* a un bouchon. Comme ce vaſe eſt chaud, l'Ouvrier a quelques linges pour garantir ſes mains d'être brûlées ; il ſecoue les épingles de fer avec de l'étain fondu & du ſel ammoniac : *e*, crible ſur lequel on jette les épingles de fer au ſortir de la chance.

Figure 4. Elle repréſente deux Ouvriers qui frottent & ſechent des épingles en les ſecouant dans un ſac de cuir : cette façon de deſſécher les épingles eſt particuliérement en uſage pour celles de fer.

Figure 5. Cheminée ſous laquelle il y a ſur un trépied une chaudiere *m* pour dérocher les épingles & les jaunir, & *n* ſur un autre trépied une chance pour étamer les épingles de fer.

Figure 6. *i*, un billot pour battre le papier : *h*, un tas de plaques d'étain uſées : *q*, table qui forme un plan incliné ſur lequel on coule les tables d'étain pour faire les plaques ; cette table eſt couverte d'une couverture de laine, & par deſſus d'un coutil : *b*, eſt un chaſſis de bois dans lequel l'Ouvrier *p* verſe l'étain fondu en faiſant couler tout du long de la table le chaſſis *b*. Il ſe forme une lame mince d'étain qu'on coupe enſuite en rond.

Figure 7. *e*, tamis ſur lequel on jette les épingles de fer au ſortir de la chance : *h*, gouttiere ou main de bois pour introduire les épingles dans la frottoire : *g*, Sebille de bois pour vanner les épingles.

Figure 8. Baquet de la figure premiere pour décraſſer les épingles.

Figure 9. La frottoire de la figure 2, vue de différents points de vue : *B*, le pied de charpente : *C*, l'ouverture par laquelle on fait entrer dans la frottoire les épingles & le ſon : *D*, le corps de la frottoire : *E*, la manivelle : *F*, l'eſſieu.

Figure 10. La même que *h* (*fig.* 7), eſt une gouttiere de bois qui ſert à faire entrer les épingles dans la frottoire : *F*, les bords : *E*, le fond.

Figure 11. La même que *g* (*fig.* 7), eſt une grande écuelle de bois, dont les bords ſont un peu élevés, & qui ſert à vanner les épingles pour ôter le ſon qui avoit ſervi à les deſſécher.

Figure 12. Sac de cuir qui ſert à ſécher les épingles au lieu de la frottoire, comme on le voit, (*fig.* 4).

Figure 13. La chance, ſorte de cruche de terre, pour étamer ou blanchir les épingles de fer : *G*, ſon ouverture : *I*, ſon fond : *H*, bouchon pour fermer l'ouverture *G* : *K*, trépied pour tenir la chance sur le feu; comme on le voit en *n* (*fig.* 5), & l'Ouvrier (*fig.* 3) secoue les épingles qui sont dedans.

Figure 14. *K*, un crible, le même qui est représenté *e* (*fig.* 7). Ce crible est renversé en *L* pour faire voir les baguettes qui le forment.

Figure 15. Quarteron, sorte de ciseau terminé par des pointes pour percer les papiers où l'on doit mettre les épingles : *q*, son manche : *P*, le corps du quarteron : *O*, papier qui est plié & posé sur un billot *N* qui doit être couvert d'une plaque de plomb : *Y*, est un marteau qui sert à frapper sur le manche *q* du quarteron. Le quarteron est dessiné sur une plus grande échelle que le marteau.

Figure 16. Les épingles rangées en quarteron sur le papier : *C*, les têtes : *Q d*, les pointes : *a a b b*, les plis du papier qui retiennent les épingles : *e f*, les trous faits au papier & où il n'y a point d'épingles : *g h*, le papier renversé pour qu'on apperçoive la partie des épingles qui passe sous le papier : *R*, la marque du Marchand.

Figure 17. *S*, peloton pour imprimer les empreintes : *T*, planche de bois sur laquelle est gravée l'empreinte; on la charge avec la couleur qui est dans le vase *X*; & l'ayant couverte par le papier, on l'appuie avec la main ou avec la batte ou tampon *V* qui est garni de peau par dessous.

Figure 18. La même table que figure 6, pour couler les plaques d'étain : *a a a*, couverture de laine : *e e*, coutil qui recouvre la couverture : *b b*, chassis de bois dans lequel on verse l'étain fondu; en faisant couler le chassis, la table d'étain s'y forme : on voit dessus *c c c* les plaques qu'on a tracées avec un compas *e*.

Figure 19. Une cuiller pour fondre l'étain.

Figure 20. Deux clous d'épingles, un *a* à tête plate, l'autre *b* à tête ronde.

Figure 21. *f q r s*, fil préparé pour faire l'agraffe *g* : *h g k*, une porte : *l q r*, une agraffe : *p m n o*, fil préparé pour faire cette agraffe : *y z &*, un hameçon : *i*, la pince qui sert à faire les petits ouvrages : *x t u*, crochets à pendre les montres.

Figure 22. Aiguille de tablette avec une tête plate : *M*, le fil dressé & appointi : *n*, morceau de cuivre préparé pour faire la tête : *O*, l'aiguille entêtée : *p*, *broche à tricoter*.

Figure 23. Porte de Bibliotheque qu'on garnit d'un fil de laiton fin.

Figure 24. Différents treillis : *q*, la maille en quarré : *r*, la maille en lozange : *s* fait voir comme on tortille le fil pour former les mailles.

PLANCHE

PLANCHE VI.

FIGURE 1. Un Rogneur de têtes repréſenté dans un autre point de vue que dans la Planche III, pour faire mieux appercevoir l'eſpece de petite chauſſe qu'il a quelquefois ſur la cuiſſe droite, & la poſition de la main pour trancher les têtes.

Figure 2. Un Empointeur en attitude, avec un tour à empointer ſemblable à ceux des Epingliers de Paris qui font des clous. On voit qu'il eſt plus ſimple que les tours repréſentés Planche II.

Figure 3. Un tour pour mouler les fils à tête, pour faire voir une diſpoſition de bobine, différente de celle qui eſt repréſentée *Planche III*, *Figure 6* : c'eſt une planche qui ſe renverſe en arriere pour tendre la corde, comme nous l'expliquerons dans la ſuite.

Figure 4. L'Entêteur de la Planche III, vu de face.

Figure 5. Enclume pour réparer les outils.

Figure 6. *A B*, des boîtes à trancher les hanſes.

Figure 7. *e*, une ciſaille : *f*, des ſebilles de bois pour mettre les hanſes, les têtes & les épingles.

Figure 8. L'entêtoir de la figure 4, deſſiné en grand : *T*, carton pour mettre les hanſes & les têtes.

Figure 9. *Q*, un bout de fil de laiton nommé *Moule*: *R*, un bout de moulée.

Figure 10. Détail du tour à faire les moules. On voit qu'au moyen du coin *H* qu'on fourre ſous la piece *I*, on renverſe en arriere la piece *K*, ce qui tend la corde : *F*, la roue deſſinée à part & plus en grand.

Figure 11. Un Tourniquet à quatre fuſeaux.

Figure 12. *Z*, ciſailles à l'uſage des Crochetiers & Treillageurs: *a*, tricoiſes.

Figure 13. Engin.

Figure 14. *o*, marmite de cuivre pour blanchir les épingles.

Figure 15. Chances.

Figure 16. Baquet pour laver les épingles.

Figure 17. *h*, ſac pour ſécher les épingles avec du ſon : *i*, le poteau auquel il eſt attaché.

Figure 18. Plat à vanner.

Figure 19. Epingles en papier : *g*, le papier plié en quatre, percé avec l'outil, & les épingles boutées : en étendant ce papier, les épingles ſeront comme ſur le papier *g*.

PLANCHE VII.

FIGURE 1. Ouvrier qui tranche des hanſes pour faire de petits clous : *a*, ciſaille : *b*, hanſes coupées : *c*, plaque de fer ſur laquelle on poſe les bouts de fil de fer pour les égaler.

Figure 2. Ouvriere qui frappe les têtes des clous d'épingles : *a*, sebille où sont les hanses empointées & coupées de longueur ; celles auxquelles elle a frappé la tête, tombent dans son tablier.

Figure 3. Mordant ou petit étau qu'on met dans un grand étau : *a a*, mâchoires du mordant qui sont creusées de petites gouttieres qui ont des dents pour mieux saisir les hanses : *b b*, les oreilles du mordant qui reposent sur les mâchoires de l'étau : *c*, ressort qui sert à ouvrir le mordant, quand on détourne la vis du grand étau.

Figure 4. *a*, Hanse qui n'a point de tête : les Ouvriers nomment ces hanses des pointes : *b*, clous pour les Cordonniers, qui n'ont que de très-petites têtes : *c*, clous pour les Sculpteurs & les Menuisiers, qui ont les têtes plus grandes : *d*, clous à tête ronde : *e*, clous pour les Gaîniers. On en fait qui n'ont que deux lignes, une ligne & demie ou même une ligne de longueur.

Figure 5. Poinçon d'acier qui a, à un de ses bouts, une cavité en forme de calotte : son usage est d'arrondir les têtes des clous.

Figure 6. C'est un bâti de menuiserie, préparé pour recevoir un grillage de fil de laiton : *A B C D*, est le bâti de menuiserie auquel on voit une feuillure dans laquelle on a frappé de petits clous vis-à-vis les chiffres 1, 2, 3, 4, &c, ainsi que vis-à-vis les Lettres *a b c d*, &c. Les lignes ponctuées marquent les demi-mailles qu'on forme d'abord ; & les numéros 12, 13, 14, &c, les nœuds de ces demi-mailles.

Figure 7. Le même chassis où il y a trois rangs de mailles formées.

Figure 8 montre des mailles plus larges que hautes.

Figure 9 représente des mailles plus hautes que larges.

Figure 10, sont des mailles quarrées.

Figure 11. Un crible de fil de laiton pour nettoyer les grains.

Figure 12. Les mailles de ce crible, représentées en grand.

Figure 13 est destinée à faire entendre comment on travaille les cribles ordinaires de fil de fer.

Figure 14. C'est une muraille d'espalier garnie d'un treillage de fil de fer.

Figure 15 montre comment on arrête les fils de fer sur les crochets où ils aboutissent.

Figure 16. Un fil de fer qui sert au Coupeur (*fig.* 1) à connoître la longueur qu'il doit donner aux hanses : la partie *a b* exprime cette longueur.

EXPLICATION

De quelques termes propres à l'Art de l'Epinglier.

A

Affiche, broches ou fiches de fer qui servent à retenir la filiere.

Agraffe : il y en a de différentes formes; mais toutes celles des Epingliers sont faites avec un fil de fer ou de laiton différemment courbé.

Aiguille. On appelle ainsi la tige de l'outibot à laquelle est attachée la corde qui le fait mouvoir.

Apéritoire : c'est une plaque de fer ou de corne placée au-devant du tour à empointer, pour mettre tous les fils à l'égalité. Voy. Péricors.

Arimer. Les Ouvriers disent qu'ils ariment leur place, quand ils ajustent le poinçon sur l'enclume, ce qu'ils exécutent en appuyant un ciseau tout près de la pointe des broches qui servent de conducteurs à l'outibot; en frappant sur le ciseau, ils font un peu glisser les pointes des broches dans la crapaudine de plomb.

B

Banque, ou tour à pointe : c'est le billot où est établie la meule d'acier qui sert à former les pointes.

Baquette, tenaille plate en dedans, & mordante comme une lime : elle sert à tirer le fil de la filiere, jusqu'à ce qu'il y en ait assez pour le rouler sur la bobine.

Batte, espece de maillet de bois qui sert à appliquer sur le papier l'empreinte qui porte la marque du Marchand.

Biseau, & *Passe-vuide* d'épingles sur les papiers. Voyez Bouteuses.

Blanchir les épingles. On blanchit les épingles en les couvrant d'une couche d'étain très-mince. *Blanchir à l'eau*. Voyez Pot *ou* Chance.

Bobine. Cylindre de bois pour tirer le fil à la filiere : les Ouvriers disent quelquefois par corruption *bobille*. La bobine du Tréfileur est un cylindre de bois formé sur le tour établi à l'extrémité d'une forte table, & que l'on fait tourner avec une manivelle pour faire passer le fil de laiton par la filiere.

Botte. Le laiton en botte ou en torque, est composé d'un nombre de pieces qui sont faites de fil de laiton qui a été roulé sur un cylindre, ce qui forme des especes d'écheveaux ronds qu'on appelle *Pieces* : les bottes de Hambourg sont assez souvent composées de 50 ou 60 pieces.

On appelle aussi *Botte*, un faisceau de fils coupés de longueur, pour faire 3, 4, ou 5 longueurs d'épingles.

Bourdon : on appelle ainsi les cannetilles ou fils à tête, lorsque les révolutions montent les unes sur les autres, & se recouvrent, ce qui les rend inutiles : on les jette alors à la mitraille.

Bouter les épingles sur le papier; c'est l'action de piquer les épingles par quarterons dans un papier : les Femmes qui font ce travail se nomment *Bouteuses*. C'est improprement que dans quelques Fabriques on s'est servi de ce terme pour signifier enfiler une hanse dans une tête.

Boutereau, poinçon d'acier qui sert à percer & à ajuster les trous des filieres.

Bouteuse, Ouvriere qui met les épingles dans les papiers : la maîtresse Bouteuse perce les papiers avec l'outil nommé *Quarteron*, qui maintenant à Laigle a toujours 25 pointes : les Ouvriers qu'elle fait travailler sous elle, sont de petits enfants dont plusieurs ont à peine trois ans.

La Maîtresse Bouteuse imprime d'abord sur le papier la marque de l'Ouvrier; ensuite elle y fait les trous nécessaires; elle les remet en cet état entre les mains de ses petits Ouvriers qui y enfilent les épingles; & quand cet ouvrage est fait, cette Maîtresse reprend les papiers ainsi chargés d'épingles; elle remet en ordre ce qui n'y est pas; elle épluche & détache les épingles défectueuses, & ne laisse que celles qui sont bonnes & bien faites : ensuite elle plie les papiers & les lie deux à deux pour former un millier; car chaque papier contient 500 épingles.

Une Maîtresse Bouteuse pourroit bien percer autant de papiers qu'il en faudroit pour placer 18 à 20 douzaines de milliers d'épingles. Si elle ne passe pas 16 douzaines, c'est parce qu'outre l'ouvrage de faire les trous, elle est obligée d'éplucher les épingles, de les arranger, de plier les papiers & de les assembler deux à deux. Un enfant âgé de 6 à 7 ans peut bouter, par jour, 48 milliers d'épingles.

Le Maître Epinglier donne à la Maîtresse Bouteuse 2 sols 6 deniers par douzaine de milliers : la Maîtresse paye les enfants qui travaillent sous elle à raison d'un sol par douzaine de milliers : il lui reste 1 sol 6 deniers; & comme elle boute 12 à 15 douzaines de milliers par jour, son gain est de 15 à 18 sols : les enfants gagnent trois à quatre sols par jour : une seule Bouteuse peut suffire à la fois pour l'ouvrage de plusieurs Maîtres.

BRANLOIRE : baquet dans lequel on met les épingles avec de l'eau pour ôter l'acidité de la gravelée. Voyez ETEINDRE.

BROCHER. Voyez BOUTER.

BROCHES : ce font deux montants de fer qui s'élevent fur le billot de l'entêtoir, & qui fervent de conducteur à l'outibot.

BUCHE, terme de Tréfilerie, qui fignifie un *Etabli* où l'on tire à la filiere, avec une pince, le fil de fer ou de laiton.

C

CANNETILLE, fil de métal qui eft roulé en tire-bourre fur un plus gros fil : celui qui eft fait avec du laiton fin, fert à faire les têtes des épingles : on en fait auffi d'or & d'argent pour les ouvrages de broderie.

CHANCE, pot de terre qui a la forme d'une cucurbite, & qui fert à blanchir les épingles de fer. Ce terme vient probablement de ce qu'on fecoue les épingles dans ce pot, comme on fait les dez dans un cornet pour les jeux de chance ou de hazard.

CHANE : on appelle ainfi à Laigle le pot que l'on nomme dans d'autres Fabriques *Chance*. Voyez CHANCE.

CHAUSSE. Efpece d'étau qui s'ajufte fur la cuiffe des Rogneurs pour tenir les fils qu'on veut couper en un même faifceau.

CISAILLES, gros cifeaux propres à couper les métaux : les Epingliers les nomment auffi *Cifeaux*. Les lames des cifailles font épaiffes, & elles ont un taillant prefque quarré ; au lieu d'anneaux, elles ont deux longues branches qui forment deux grands leviers.

CLOUS d'épingles. Il y en a qui font de vraies épingles, groffes & courtes. Les Epingliers en font avec du fil de fer ou de laiton ; la tête de ceux-ci eft faite en rivant, avec le marteau, l'extrémité du fil de fer ou de cuivre : il y en a depuis une ligne de longueur jufqu'à un pouce & demi & plus.

COUPEUR. Ouvrier qui coupe les dreffées en tronçons, & les tronçons en hanfes ; comme cet Ouvrier eft le Dreffeur, on ne le connoît gueres que fous ce nom.

COURTAILLES. On appelle ainfi des bouts de fil de laiton tortus ou trop courts, ou les épingles manquées, la limaille, les bouts de fil, en un mot la mitraille de laiton qui ne peut fervir à faire des épingles. On vend tout cela à des Ouvriers qui les refondent.

CROCHETIER. A Paris, ce font les Epingliers qui font les portes, les agraffes, les crochets ; mais à Laigle, les Ouvriers qui fabriquent ces petits ouvrages ne font point d'épingles, & font nommés *Crochetiers*.

CUEILLÉE. Quelques-uns appellent ainfi un faifceau de fil redreffé par l'engin. A Laigle on les appelle fimplement des *Dreffées*.

CUIVRE *jaune* ou *laiton* : c'eft du cuivre rouge qui a été fondu avec la pierre calaminaire, & qui eft allié de zinc.

D

DÉCAPER ou DÉROCHER : c'eft emporter par le moyen de quelques fubftances corrodantes la fuperficie brune des métaux, & par ce moyen faire reparoître la couleur & le brillant du métal.

DRESSÉE. On appelle ainfi les fils de laiton qu'on a fait paffer par l'engin, pour les dreffer, ou leur faire perdre la courbure qu'ils avoient en écheveau.

DRESSEUR. Ouvrier qui fait perdre la courbure au fil de laiton en le paffant par l'engin.

DRESSOIR. Voyez ENGIN.

E

ECLAIRCISSEUR. Ouvrier qui décraffe & éclaircit le fil de laiton.

ECOUINE. Inftrument d'acier qui différe de la lime & de la rape, en ce qu'il n'a qu'un feul rang de ftries en travers, au lieu que la lime eft formée par des hachures qui fe croifent, & la rape par de petites levres qui font relevées. Quelques-uns difent *Ecouenne*, prétendant que ce nom lui eft donné de ce qu'il fert à emporter la fuperficie, & comme la *couenne* des matieres qu'on travaille.

ECROUIR un métal, c'eft le battre au marteau pour rapprocher fes parties, & le rendre plus dur. On écrouit l'or, l'argent, le fer. Le laiton prend beaucoup de fermeté fous le marteau : le plomb ne s'écrouit point fenfiblement.

EGAUGE. Voyez JAUGE.

EMPOINTER une épingle ; c'eft lui former une pointe : l'Ouvrier qui exécute ce travail eft nommé *Empointeur*.

EMPREINTE : c'eft la marque du Fabriquant qu'on imprime fur le papier des épingles. On n'eft plus en ufage à Laigle d'employer la marque des Epingliers de Paris ; mais on imprime la marque de quelques Epingliers de Londres, que quelques Marchands leur envoyent. Des Marchands d'Italie envoyent auffi la marque de certains Ouvriers de Rome. Plufieurs Marchands Efpagnols & Portugais en ufent de même : les marques de ces derniers, au lieu d'être imprimées en rouge avec du vermillon, le font ordinairement en noir. Les Fabriquants de Laigle fe conforment à cet égard aux ordres des Marchands. C'eft auffi par la même raifon que pour le commerce de certains pays, ils boutent leurs épingles dans du papier bleu ou dans du papier jaune.

ENCLUME. L'enclume de l'Epinglier eft un morceau d'acier qui eft enchâffé dans une piece de fer qui s'appelle *Canon* : ce canon eft reçu par en bas dans le billot ; il a environ un pouce & demi de long, non compris la partie qui entre dans le billot. Il eft creux pour recevoir dans fa cavité l'enclume qui, pour s'y affermir, n'a befoin ni de coins ni d'autre chofe pour l'affujettir, parce qu'elle eft faite elle-même en forme

forme de coin, au moyen de quoi, en s'enfonçant dans le canon, elle s'y affermit d'elle-même très-solidement. Sur la face supérieure de l'enclume est creusée une rainure pour mettre le corps de l'épingle, & un creux hémisphérique où on met la tête qu'on frappe avec le poinçon.

ENGIN. Petite planche sur laquelle sont clouées des pointes entre lesquelles on passe le fil de laiton pour le redresser. Voyez DRESSÉE.

ENRHUNER, c'est placer la tête à l'extrémité de la hanse.

ENTESTER ou *Frapper une épingle*, c'est attacher la tête au bout de la hanse, & l'y assujettir par de petits coups du poinçon de l'outil nommé *Têtoir*.

EPINGLIER. Propriétaire d'une Fabrique d'épingles. On nomme de même les Ouvriers qui fabriquent les épingles, les grilles de fil de fer ou de laiton, les portes, les agraffes, les petits clous, & quantité d'autres petits ouvrages qui se font avec les fils de métal.

A Laigle, les Ouvriers qui font ces derniers ouvrages, se nomment *Crochetiers*.

ETEINDRE *les épingles*, c'est, au sortir de la gravelée, les jetter dans un baquet suspendu, qu'on nomme *Branloire*, pour secouer les épingles dans de l'eau nette.

ETIBOIS. C'est une cheville de bois enfoncée sur l'établi de la bobine. A l'extrémité de cette cheville, il y a de petites coches dans lesquelles on place le bout de fil de laiton qu'on veut appointir avec la lime, pour le réduire de grosseur à pouvoir passer dans les trous de la filiere; on nomme cette opération la *Pressure*.

ETIBOT. Voyez OUTIBOT.

ETIQUETTE. Instrument très-ingénieux qui sert à assujettir les têtes au bout des hanses; ce terme n'est presque pas connu. Voyez TETOIR.

F

FESSER *le fil de laiton*, c'est le battre sur un billot, au sortir de la gravelée, pour le décrasser.

FESSEUR *de têtes*: c'est ainsi qu'on nomme à Laigle celui qui tourne les têtes, & qui les rogne ou qui les coupe.

FIL. On connoît le fil de fer, le fil de laiton, le fil d'acier; mais il est bon de savoir qu'on nomme *Fil à moule* celui qui est tiré pour faire la tige de l'épingle, & *Fil à tête* celui qui est roulé en hélice pour faire des têtes.

FILIERE. Piece de fer ou de fonte de 18 pouces de longueur, un pouce d'épaisseur, sur deux de largeur; elle est percée de plus de cent trous égaux par le côté évasé, & qu'on peut réduire à des diametres inégaux du côté opposé où ces trous sont plus petits.

FINISSEUR. Voyez REPASSEUR.

FRAPPER *la tête d'une épingle*; c'est la battre entre le poinçon & l'enclume avec le têtoir. L'Ouvrier qui exécute ce travail, se nomme *Frappeur*.

FROTTER ou *sécher les épingles*, c'est les secouer avec du son, ou dans une frottoire en baril, ou dans un sac à frotter.

FROTTOIRE; c'est un baril traversé d'un essieu par son axe: on le fait tourner pour dessécher les épingles avec du son. Les Frottoires de Laigle sont plus grandes qu'on ne l'a dit dans la description: elles sont de jauge à contenir cent vingt pintes. Les Ouvriers disent *Frottoire* au féminin: nous nous sommes conformés à leur usage.

FUSEAU *à meule*. On appelle ainsi à Laigle l'axe ou l'essieu sur lequel tourne la meule: il se termine en pointe par les deux bouts; ces pointes entrent d'environ deux lignes dans deux morceaux de bois qu'on peut rapprocher l'un de l'autre, à mesure que les trous s'élargissent.

G

GRAVELÉE. Les Epingliers appellent ainsi le tartre crud qui s'attache à l'intérieur des tonneaux où l'on a mis le vin. Il y en a de blanche & de rouge, suivant la couleur du vin. Il ne faut pas confondre la gravelée que les Epingliers employent avec ce qu'on nomme *Cendres gravelées*; celles-ci sont faites avec de la lie de vin brûlée. Le tartre est un sel acide; les cendres gravelées contiennent un sel alkali. A Laigle, on dit de la *Gravelle*, & ce terme vaut mieux, me semble, que *Gravelée*.

H

HANSE ou *Anse*. On nomme ainsi le bout de fil de laiton appointi, coupé de la longueur des épingles, & à qui il ne manque qu'une tête.

HOUSSEAU. Grosses épingles dont les femmes se servoient autrefois pour trousser leurs robes. On distingue le grand & le petit *Housseau*. Je les ai vu nommer dans quelques anciens Mémoires *Trousseau*; ce qui me feroit soupçonner que *Housseau* pourroit bien être une corruption du mot *Trousseau*. Dans le temps que ces épingles étoient en usage, j'ai entendu que les Femmes les nommoient *Porte-manteau*. Les Epingliers leur donnent aussi le nom d'*Epingles à la piece*.

J

JAUGE. La jauge de l'Epinglier est un gros fil de fer courbé en 3, ou plié en serpentant, long de 4 ou 5 pouces, ce qui forme 10 ou 12 portes de chaque côté qui laissent entr'elles des espaces qui doivent être égaux aux différentes grosseurs des épingles: il est évident que cet instrument forme un nombre de compas d'épaisseur qui sont très-commodes pour calibrer les fils ou épingles.

JAUNISSEUR. On appelle ainsi les Ouvriers qui rendent la couleur au laiton, en le passant dans une lessive de tartre.

L

LAITON. Voyez CUIVRE.

LIE. Sédiment qui se précipite au fond des liqueurs qui se clarifient. A Laigle on se sert de la lie du cidre pour éclaircir le laiton, afin de ménager la gravelle. C'est par erreur qu'on a dit dans la description (page 11) lie de bierre.

M

MARCHE ou MARCHETTE. C'est une pédale sur laquelle l'Entêteur ou le Frappeur pose le pied pour élever le poinçon qui sert à frapper les têtes des épingles.

MEULE. La meule des Epingliers est un tronçon de cylindre de fer sur la circonférence duquel on fait des retailles ou stries avec un ciseau à froid. On trempe ces meules en paquet.

MOLE. On appelle ainsi la cannetille ou le fil à tête lorsque les révolutions ne se touchent pas : ce défaut est assez considérable pour obliger de mettre ce fil à la mitraille; ainsi il faut que les révolutions du fil à tête se touchent, sans néanmoins monter les unes sur les autres, ce qui formeroit un défaut qu'on nomme *Bourdon*. Voyez BOURDON.

MOULE. On nomme ainsi un fil de fer qui sert de mandrin, sur lequel on roule les fils à tête. On donne aussi quelquefois ce nom aux fils qui forment les tronçons.

MOULÉES. C'est ainsi qu'on nomme les fils à tête, quand ils ont été roulés en hélice sur le fil qu'on nomme *Moule*.

N

NILLE. Les Epingliers donnent ce nom à la manivelle de la bobine.

O

OUTIBOT. C'est la partie du têtoir qui porte le poinçon. A Laigle, on le nomme *Etibot*.

OUVRAGE. On nomme *Ouvrage*, du fil passé à la filiere, & réduit à la grosseur convenable pour faire l'espece d'épingle qu'on veut fabriquer.

OUTIL. A Laigle, on nomme simplement *Outil*, la machine qui sert à frapper les têtes : comme ce mot est trop général, nous avons adopté celui de *Têtoir* qui est d'usage dans d'autres Fabriques.

P

PASSER *à rebours*, ou *Raire à la bobine*. Voyez RAIRE.

PÉRICORS. Voyez APÉRITOIRE.

PESEÉ. On appelle ainsi le contrepoids de plomb du têtoir.

PIECE. On donne ce nom à un petit écheveau de fil de laiton dont un certain nombre forme une botte.

PLAQUES: ce sont des rondelles d'étain assez minces, qu'on met lit par lit dans une chaudiere avec les épingles pour les blanchir à l'eau. On nomme *Plaques à fils*, celles auxquelles on ajoute des anses de ficelle pour les descendre dans la chaudiere, ou pour les en retirer.

PLAT *à vanner* : c'est une grande jatte ou sebille de bois d'environ deux pieds de diametre.

POINÇON ou *Boutereau* : c'est une broche d'acier qui sert à calibrer les trous des filieres. On appelle aussi *Poinçon*, la piece d'acier qui est au bas de l'outibot, & qui sert à frapper les têtes. Ce poinçon qui frappe sur l'enclume, est reçu dans une ouverture qui est à l'outibot, & dans laquelle il s'arrête fermement, parce que ce poinçon est en forme de coin comme l'enclume.

PORTE. En général, les Epingliers appellent *Porte* un bout de fil qui forme une portion d'anneau : c'est peut-être par comparaison à la forme des portes dans lesquelles entrent les agraffes. La *Porte* est un petit outil formé par un manche de bois, au bout duquel est un demi-anneau de fil de laiton dans lequel on passe le fil à tête, pour le rouler commodément sur le moule. On nomme aussi *Porte* un crochet de fil de laiton qui est au haut de la bobine du Tréfileur, & qui sert à arrêter le bout du fil.

POT, est synonyme de *Chane* ou *Chance*. Voyez CHANCE.

PRESSURE. Faire la *pressure* au bout d'un fil de laiton, c'est l'appointir avec la lime, pour qu'il puisse entrer dans les trous de la filiere.

Q

QUARTERON. On appelle ainsi une sorte de ciseau qui porte à son extrémité 25 pointes, pour faire autant de trous aux papiers où les épingles doivent être arrangées par quarterons.

QUARTE. A Laigle, on se sert de ce mot pour désigner un boisseau dans lequel on porte les épingles chez les Bouteuses. Ce vaisseau est aussi appellé *Quarte*, parce qu'il contient le quart du boisseau de Laigle. La quarte de Laigle est à peu près de la grandeur & de la figure du boisseau de Paris : c'est mal-à-propos qu'on a dit (page 38) que ce vase étoit quelquefois de carton.

R

RAIRE *à la bobine*, c'est tirer le fil qu'on fait passer par une filiere, & qui se roule sur une bobine en forme d'écheveaux ronds ou en piece. Je crois que ce mot est une corruption de traire, *trahere*; car on dit *de l'or trait*. A Laigle, on ne se sert point du terme de *Raire*, on dit *Tirer*. Dans quelques

Tréfileries le terme de *Raire* signifie *Tirer à rebours*.

RECUIRE *un métal*, c'est le faire chauffer ; ce qui le rend plus mou & plus ductile.

REPASSEUR qu'on nomme aussi *Finisseur*, est un Ouvrier qui perfectionne l'ouvrage qu'a commencé l'Empointeur, en passant les fils appointis sur une meule d'acier striée plus finement.

RETAILLES. On appelle ainsi les hachures ou stries de la meule.

ROGNEUR, c'est celui qui coupe les fils selon une longueur déterminée. Les Rogneurs de tronçons ou *à la longue*, coupent les fils de la longueur de trois, quatre ou cinq épingles; les Rogneurs de hanses ou à la courte, coupent les fils de la longueur des épingles : il y a aussi les Rogneurs de têtes qui coupent la cannetille avec laquelle on doit faire les têtes. A Laigle, on n'employe point les termes de *trancher* pour les têtes, ni de *rogner* pour les hanses ; mais on dit que le Faiseur de têtes *rogne les têtes*.

S

SÉCHER. Voyez FROTTER.

SIXAIN. C'est un paquet d'épingles composé de six milliers.

T

TARTRE. Voyez GRAVÉLÉE.

TENAILLÉE. Les Epingliers appellent ainsi la quantité de tronçons ou de bouts de fil de fer qu'un Ouvrier peut tenir à la fois entre ses doigts pour les présenter sur la meule : c'est ordinairement depuis 25 jusqu'à 40 tronçons.

TETE. La tête d'une épingle est une petite boule qui termine l'épingle au bout opposé à la pointe.

TETOIR. Machine qui sert à frapper les têtes. A Laigle, on l'appelle simplement *Outil*.

TIRER, TIREUR. Voyez RAIRE. Un Tireur passe par la filiere environ 28 livres de laiton dans un jour; cependant c'est suivant la grosseur du fil.

TORQUE *de fil de laiton*. Voyez BOTTE.

TOUR *à pointe*. Voyez BANQUE.

TOUR *à tête*. C'est un rouet assez semblable à celui des Fileuses : il fait tourner le gros fil qu'on nomme *Moule*, sur lequel s'enveloppe le fil à tête, ou le fil qu'on veut rouler en hélice.

TOURNEUR *de têtes*. Ouvrier qui roule en forme de tire-bourre ou de cannetille, le fil qui doit faire les têtes des épingles.

TOURNEUR *de roue*. Ouvrier qui fait mouvoir la grande roue. Nous avons déja remarqué que le Tourneur de roue est payé aussi cher que l'Empointeur ; & nous avons dit que cela ne paroissoit pas juste, parce que son travail ne demande aucune science, aucune adresse, de sorte qu'il peut être exécuté par le premier Journalier. M. de Chalouziere dit qu'il ne paroît pas raisonnable qu'un homme de cette espece soit aussi chérement payé qu'un Ouvrier qui exécute un travail rude, qui de plus exige de l'adresse. Mais M. de Chalouziere fait remarquer que le Tourneur ne fait jamais d'autre ouvrage que tourner sa roue ; de sorte que s'il se fait dans la Fabrique beaucoup d'ouvrage, il gagne plus que s'il s'y en fait peu, au lieu que l'Empointeur qui est ordinairement robuste ne se contente pas d'empointer dans une Boutique, il y occupe deux & quelquefois trois places, comme de Dresseur, d'Empointeur, de Repasseur ; ou il va travailler dans différentes boutiques ; ce qui augmente son gain.

TOURNIQUET. Espece de devidoir formé de deux plateaux de bois ronds liés l'un à l'autre par quatre ou six fuseaux de bois ou de fer. Le plateau d'en haut a moins de diametre que celui du bas, afin que le tourniquet qui est conique, puisse recevoir des pieces ou écheveaux de différents diametres ; & encore pour qu'on puisse les porter commodément de dessus le tourniquet.

TRAIRE *un fil*. Voyez RAIRE.

TRANCHER *à la longue* ou *à tronçons*. Voyez TRONÇONS.

TRANCHEUR *à la courte*. Voyez ROGNEUR.

TRÉFILERIE. Atelier où l'on tire le fer ou le cuivre par la filiere pour en former un fil.

TRÉFILEUR : Ouvrier qui travaille le métal pour l'usage de l'Epinglier.

TRICOISES. Sortes de tenailles dont les mâchoires sont recourbées & tranchantes : les Epingliers disent souvent par corruption *Triquaises*.

TRONÇONS. Ce sont des paquets de fil de laiton coupés de la longueur de trois, quatre ou cinq épingles.

TROUSSEAU. Voyez HOUSSEAU.

V

VANNER. Action de secouer les épingles dans un plat de bois qu'on nomme *Plat à vanner*, afin que le vent puisse emporter le son qui a servi à les dessécher.

VASEAU. Jatte ou Sebille de bois qui reçoit les hanses & les têtes des épingles à mesure qu'on les coupe.

Remarques, Additions & Corrections.

PAGE 2, *ligne* 12, moulés: *lisez*, moulées.

Page 3, *ligne* 14, il y a tel Ouvrier qui fait en un jour: *lisez*, en deux heures.

Page 7, *ligne* 26, un Ouvrier, l'un dans l'autre, tire 12 livres: *lisez*, 28 livres.

Page 9, *ligne* 31, on vend à Paris pour 150000 livres d'épingles tous les ans: *ajoutez*, & on en fabrique à Laigle pour 1500000 livres.

Page 11, *ligne* 10, lie de bierre: *lisez*, lie de cidre.

Page 15, *ligne* 6, un Dresseur dresse dans un jour assez de fil pour 120 milliers d'épingles: *lisez*, 240 mille épingles. [M. de Chalouziere assure dans son Mémoire, qu'un très-fort Ouvrier peut dresser par jour ce qu'il faut de fil de laiton pour faire 20 douzaines de milliers d'épingles, & qu'il peut encore couper en tronçons cette même quantité de fil].

Page 19, *ligne* 12, un Empointeur fait dans un jour les pointes à 72 milliers d'épingles: *lisez*, 240 milliers.

Page 20, *ligne* 34, peau de mouton: *lisez*, boyaux.

Page 24, *ligne* 14, un Coupeur de hanses en coupe dans un jour environ 180 milliers. [M. de Chalouziere fait monter ce travail bien plus haut, puisqu'il dit qu'un fort Ouvrier peut couper soixante milliers par heure].

Page 26, *ligne* 24, il ne faut pas qu'ils se touchent: *lisez*, il ne faut pas qu'ils se recouvrent.

Ibidem, *ligne* 31, *ajoutez*, 8 livres pesant de têtes suffisent pour 288 mille épingles des numéros 8 & 9: on n'est point dans l'usage à Laigle de recuire le fil avant d'en former la cannetille.

Page, 35 *ligne* 9, 130 livres: *lisez*, 30 livres.

Page 36, *ligne* 35, l'étain diminue de 10 livres. [M. de Chalouziere estime que ce déchet va au plus à 4 livres].

Page 37, *ligne* 20 & *suiv*. Suivant M. de Chalouziere, les Epingliers conservent l'eau qui a servi à blanchir les épingles, non pas pour en blanchir d'autres, mais pour les décrasser & les disposer à recevoir le blanc.

Ce qui est dit, *page* 40, sur la maniere de distribuer les épingles, n'est pas expliqué assez clairement. Chaque papier ne contient que 500 épingles. Il y a un espace vuide dans toute la longueur du papier qui sépare en deux les 50 épingles dont est composée chaque rangée qui occupe toute la largeur du papier, savoir, 25 d'un côté & 25 de l'autre; l'espace vuide s'appelle *Biseau*.

Page 43, *ligne* 19, probablement il y a erreur à cet article; car M. de Chalouziere m'a écrit qu'on paye, pour frapper une douzaine de milliers d'épingles, 9 sols des basses sortes, & 10 sols des grosses.

Ibid. ligne 22, on paye, pour bouter une douzaine de milliers d'épingles, 2 sols 6 deniers.

Ibid. ligne 30 & *suivantes*, les accidents & déchets qu'éprouvent les Fabriquants, & qu'on ne peut évaluer au juste, viennent en grande partie des vols que leur font les Ouvriers qui travaillent pour la plupart chez eux, qui emportent les marchandises qu'ils doivent façonner, quoiqu'on les leur donne au poids, & qu'ils les rendent de même.

Il est impossible d'empêcher qu'ils ne mettent de côté quelque peu de fil de laiton qu'ils revendent par la suite aux Fondeurs. D'un autre côté, on emploie dans les Fabriques un grand nombre de petits enfants auxquels on donne une tâche: pour en être plutôt quittes, ils soustrayent une partie de l'ouvrage qu'ils emportent, ou qu'ils jettent dans le puits ou dans la riviere. Ces petits larcins réunis, font dans le cours de l'année, un tort considérable aux Fabriquants.

Page 44. A l'occasion de la table qui est en tête de cette page, M. de Chalouziere m'a communiqué quelques réflexions dont je dois faire part au Public.

Suivant l'usage actuel de Laigle, le premier numéro des épingles est devenu le troisieme: il n'y a jamais eu de numéro premier; & depuis plusieurs années il n'y a plus de numéro 2, parce qu'on a affoibli tous les numéros: ensorte que le numéro 3 représente maintenant la qualité & la longueur qu'avoit auparavant le numéro 2. Les numéros qui sont aujourd'hui en usage, sont les numéros 3, 4, 5, 6, 7, 8, 9, 10, 12, 14, 16, 17, 18 & 20. Il n'y a plus de numéros 11, 13, & 15. On fabrique des épingles sous les numéros depuis 20 jusqu'à 40, savoir, 22, 24, 26, 28, 30, 32, 34, 36, 38 & 40. On laisse toujours un nombre vuide entre l'un de ces numéros & le suivant, parce que la différence de l'un à l'autre seroit trop insensible. Au reste, on fait fort peu d'épingles des numéros qui sont au-dessous de 20, jusqu'à 40.

On fait encore à Laigle des épingles qui ne peuvent être rangées dans aucun des numéros ci-dessus; mais il faut que le Marchand à qui on les envoie, les commande expressément. Par exemple, on fait quelquefois des épingles de la longueur du numéro 8, avec du fil destiné pour le numéro 9 ou 10, ou des épingles de la longueur du numéro 10 avec du fil de la grosseur employée ordinairement pour le numéro 9 ou 8: ce dernier cas est plus rare que le précédent.

En général, les épingles sont de deux especes: les unes s'appellent *Fines* ou *Repassées*, & les autres se nomment *Communes*. On n'a parlé ici que de la fabrique des épingles fines, parce qu'elles sont plus parfaites & plus finies que les autres. Nous avons dit qu'on faisoit passer les épingles fines deux fois sur la meule à empointer, au lieu que les communes n'y passent qu'une fois. Les Entêteurs frappent cinq coups pour former la tête des épingles fines, au lieu qu'ils ne frappent que trois coups pour les communes: les épingles fines sont boutées & enveloppées dans de beau papier; & on n'emploie que du papier de moindre qualité pour bouter les communes. On ne vend gueres à Paris que des épingles fines; les communes se débitent dans les campagnes.

M. de Chalouziere trouve le poids des épingles sans papier, trop foible, tel que nous l'avons dit, sur-tout pour les grosses sortes. Il trouve encore qu'il entre plus de papier qu'il n'est marqué dans la table; mais nous avons averti qu'il y a quelques différences sur ces détails, dans les Fabriques de quelques Provinces. Nous avons encore prévenu que ce que nous avons dit sur les prix d'œuvre, relativement aux Fabriquants, ne sont que des à peu près sujets à variation, & suivant une infinité de circonstances: il ne faut donc pas être étonné que

que M. de Chalouziere trouve les prix marqués dans la Table, trop foibles, sur-tout pour les grosses sortes.

Les Ouvriers de Laigle ont fait plusieurs tentatives pour rendre les épingles de fer aussi parfaites que celles de laiton, sans avoir pu y réussir. 1°, Le fer est trop dur pour qu'on puisse bien former les pointes sur les meules de fer, & il en coûteroit trop cher si on vouloit faire ces pointes avec la lime, comme on fait celles des aiguilles.

2°, On ne peut former, avec le fer, des têtes aussi polies & aussi rondes qu'avec le laiton : le fer conserve toujours sa premiere forme ; ces têtes paroissent toujours un corps ajouté dans lequel on apperçoit les deux trous de la cannetille, quelqu'attention qu'on apporte à bien frapper les têtes ; au contraire le laiton plus mou se comprime aisément ; & les têtes qui en sont formées, semblent ne faire qu'un même corps avec la hanse. Les Epingliers de Laigle n'ont jamais pu parvenir à mettre des têtes de cuivre à des épingles de fer, parce que le fer qui est dur ne se prête pas à l'effet du poinçon & de l'enclume dont le concours doit opérer une petite rainure près de la tête.

Enfin on ne peut blanchir le fer à l'eau ; & l'étamage au pot ou à la chance, ne devient jamais aussi beau.

FIN DE L'ART DE L'EPINGLIER.

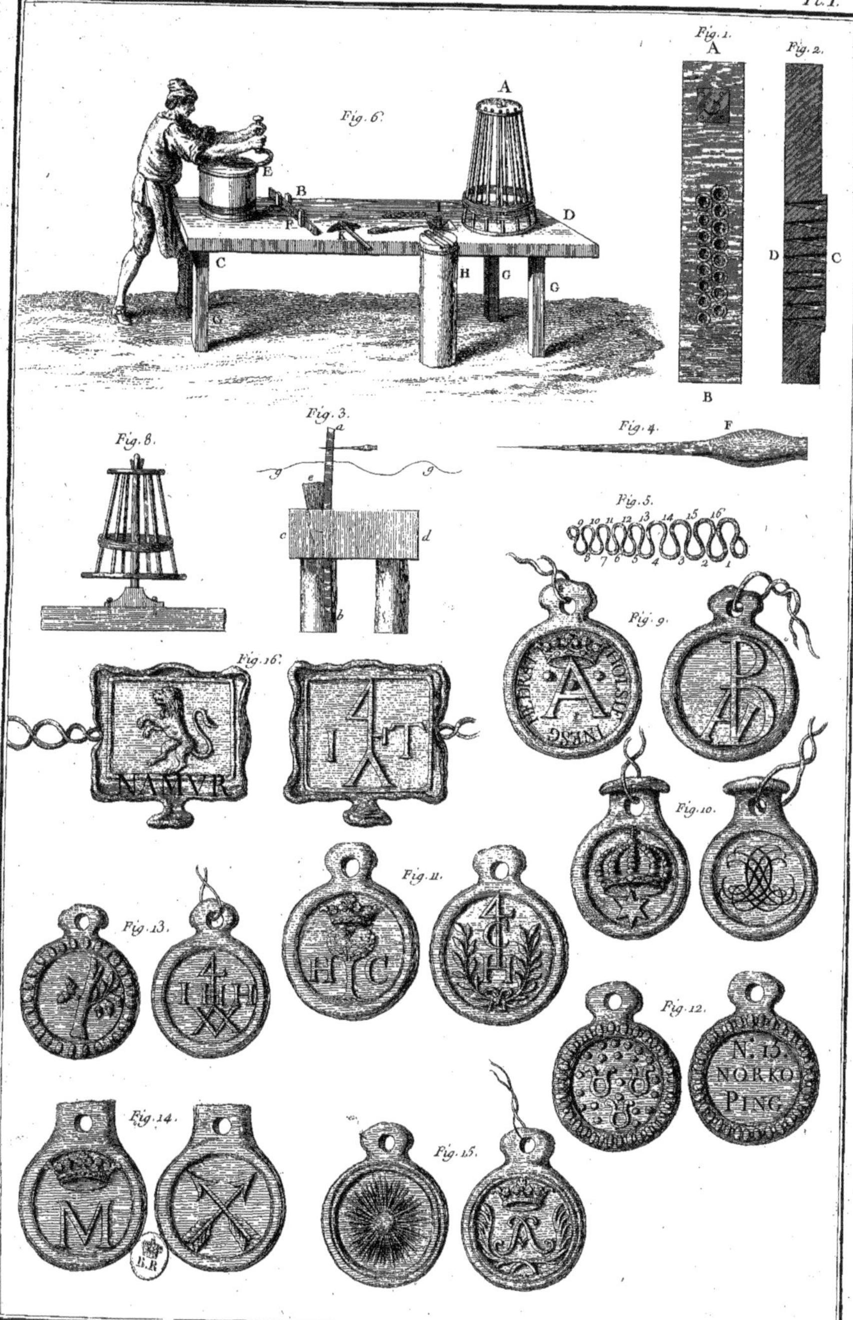

Patte del. et sculp. 1761.

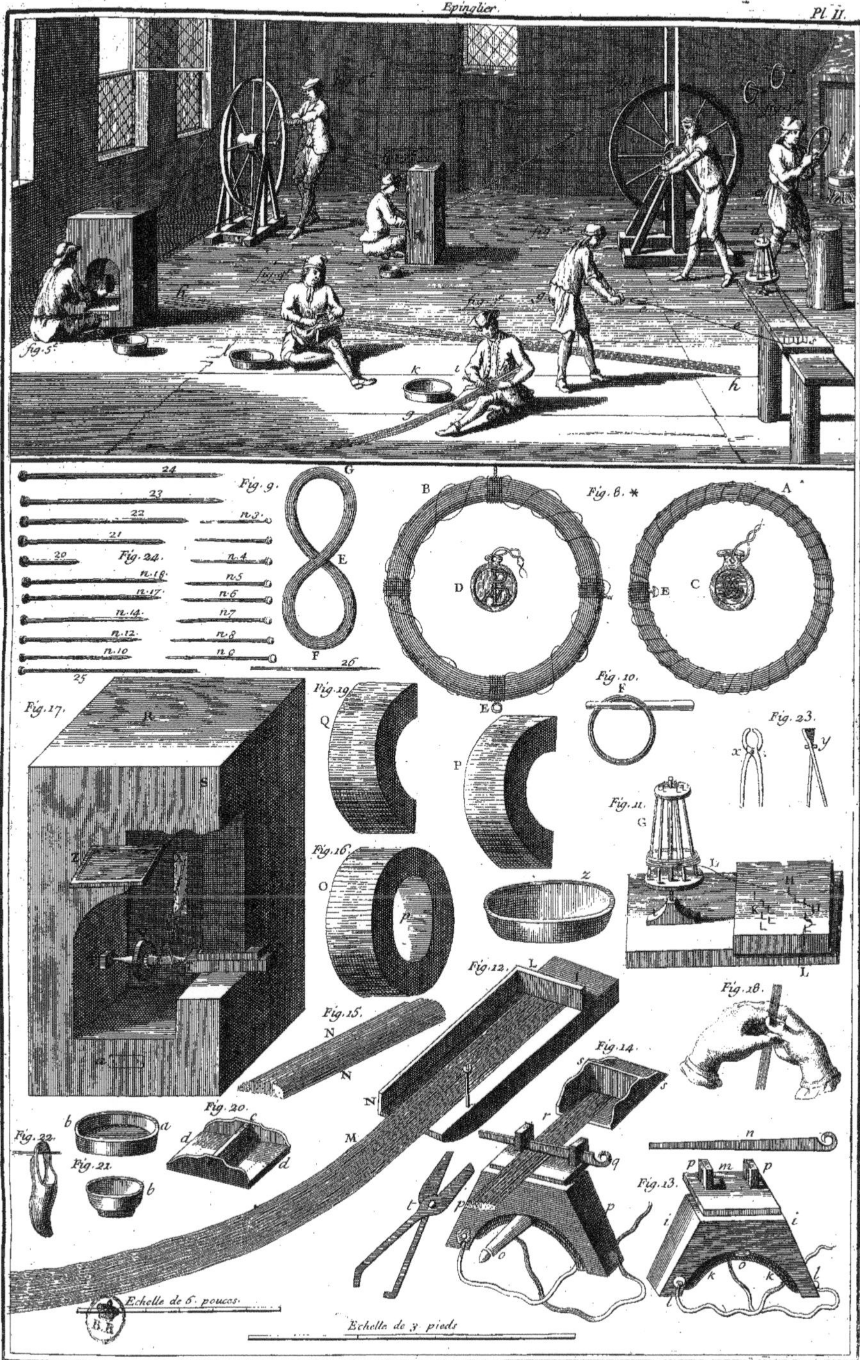

Bretez del. 1718. Lucas sculp.

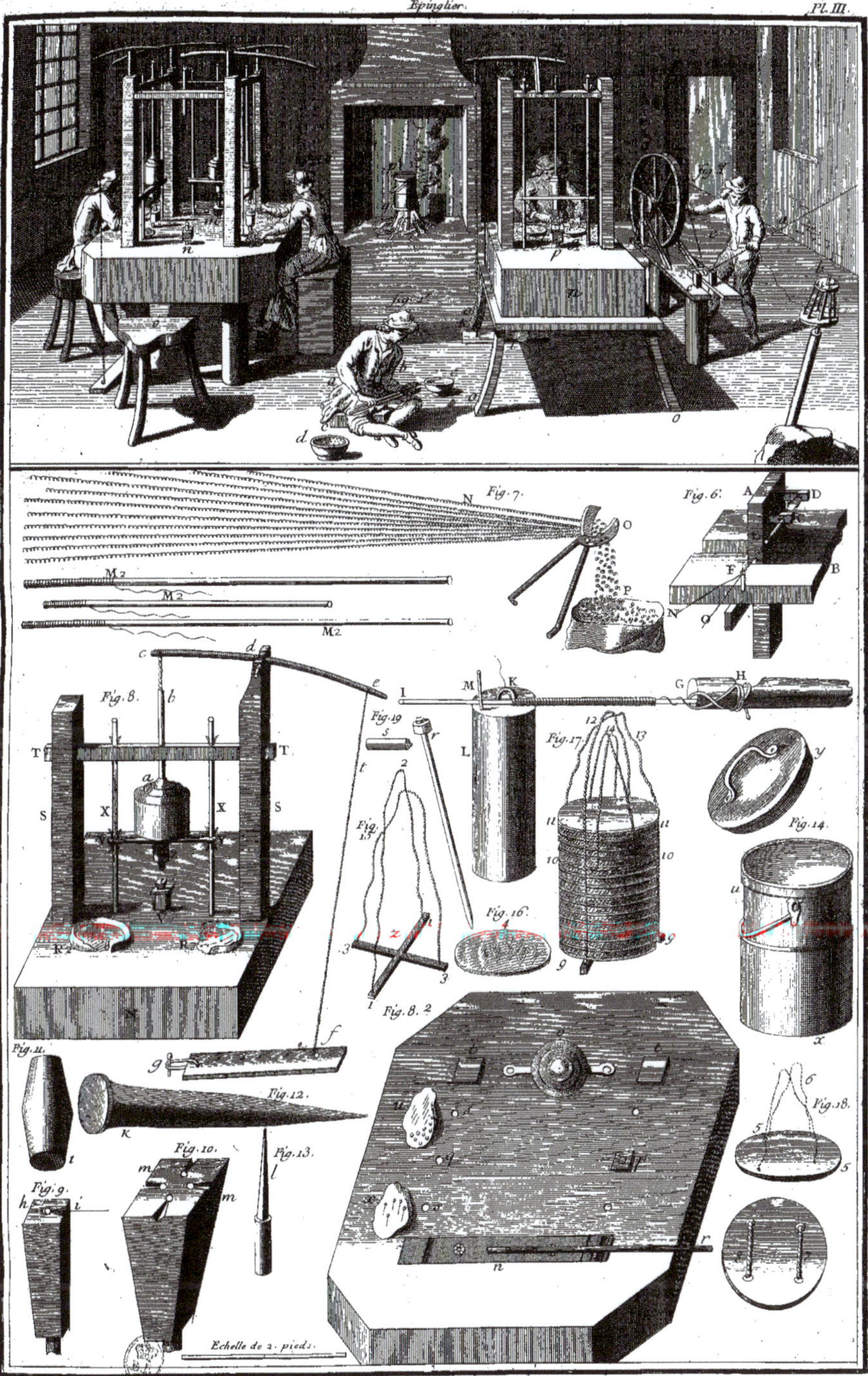

Bretex del. 1718 Lucas sculp.

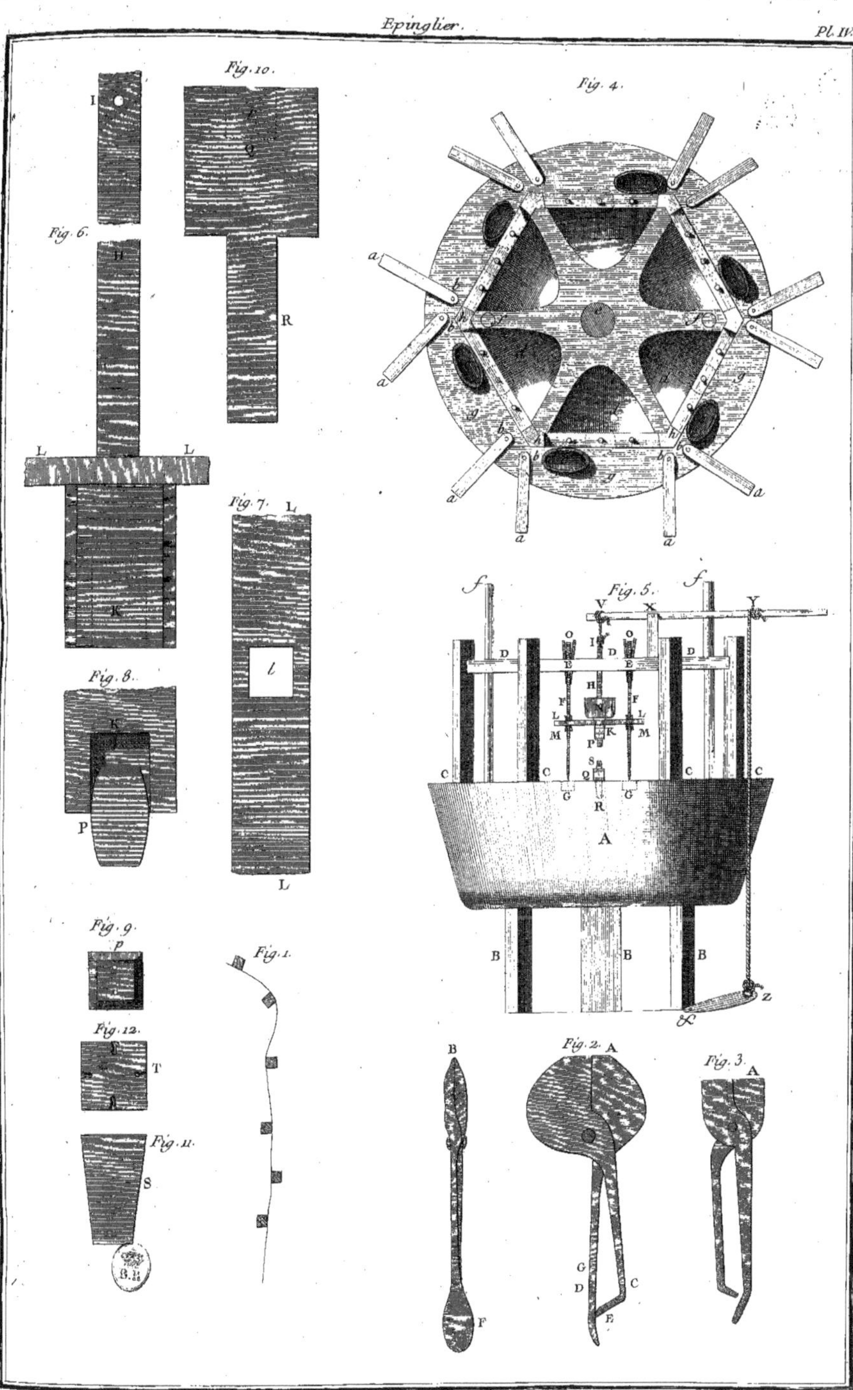

Patte del. et sculp.

Bretez del. 1718 Lucas sculp.

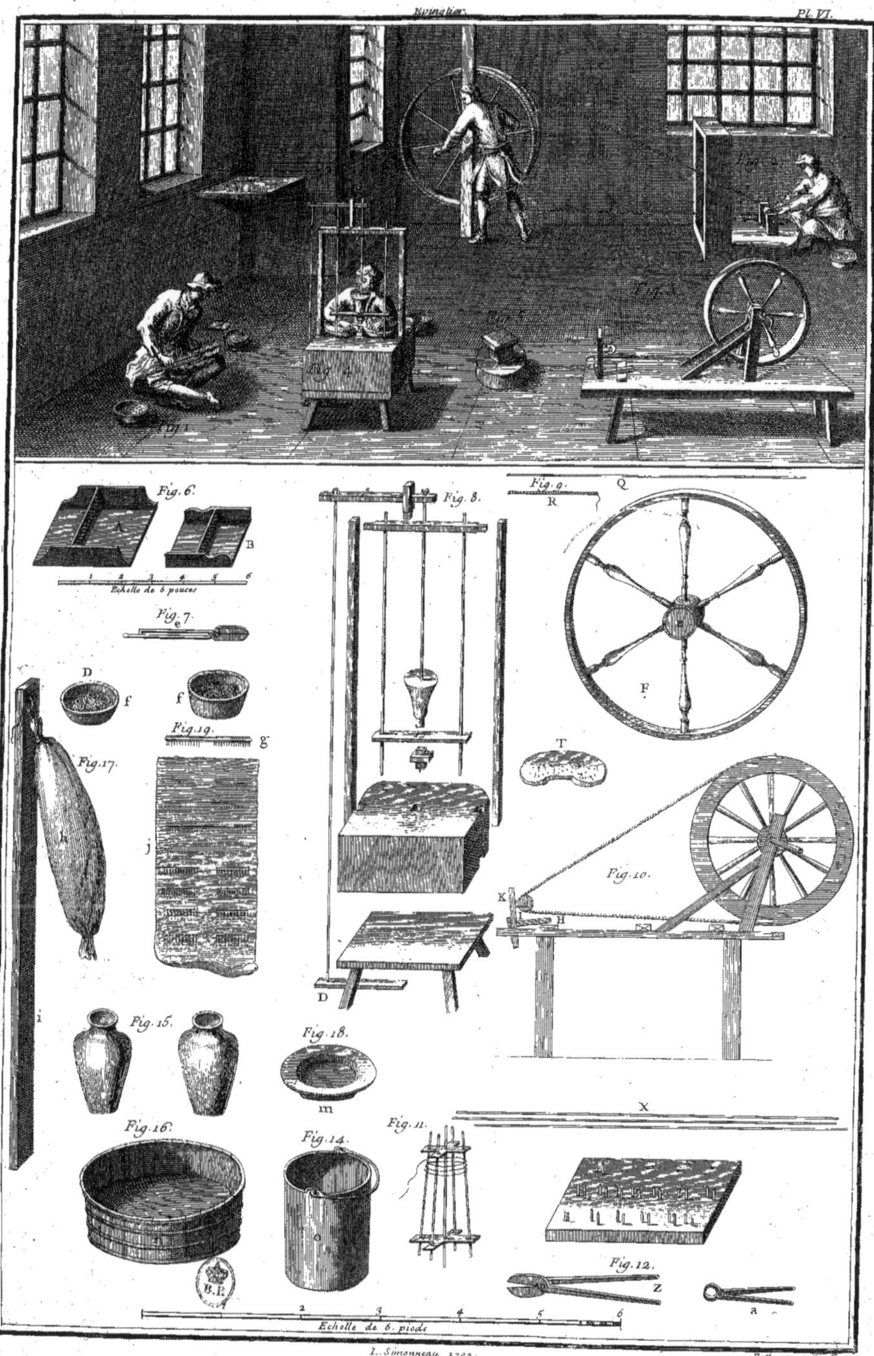

L. Simonneau 1702. Patte correxit 1761.

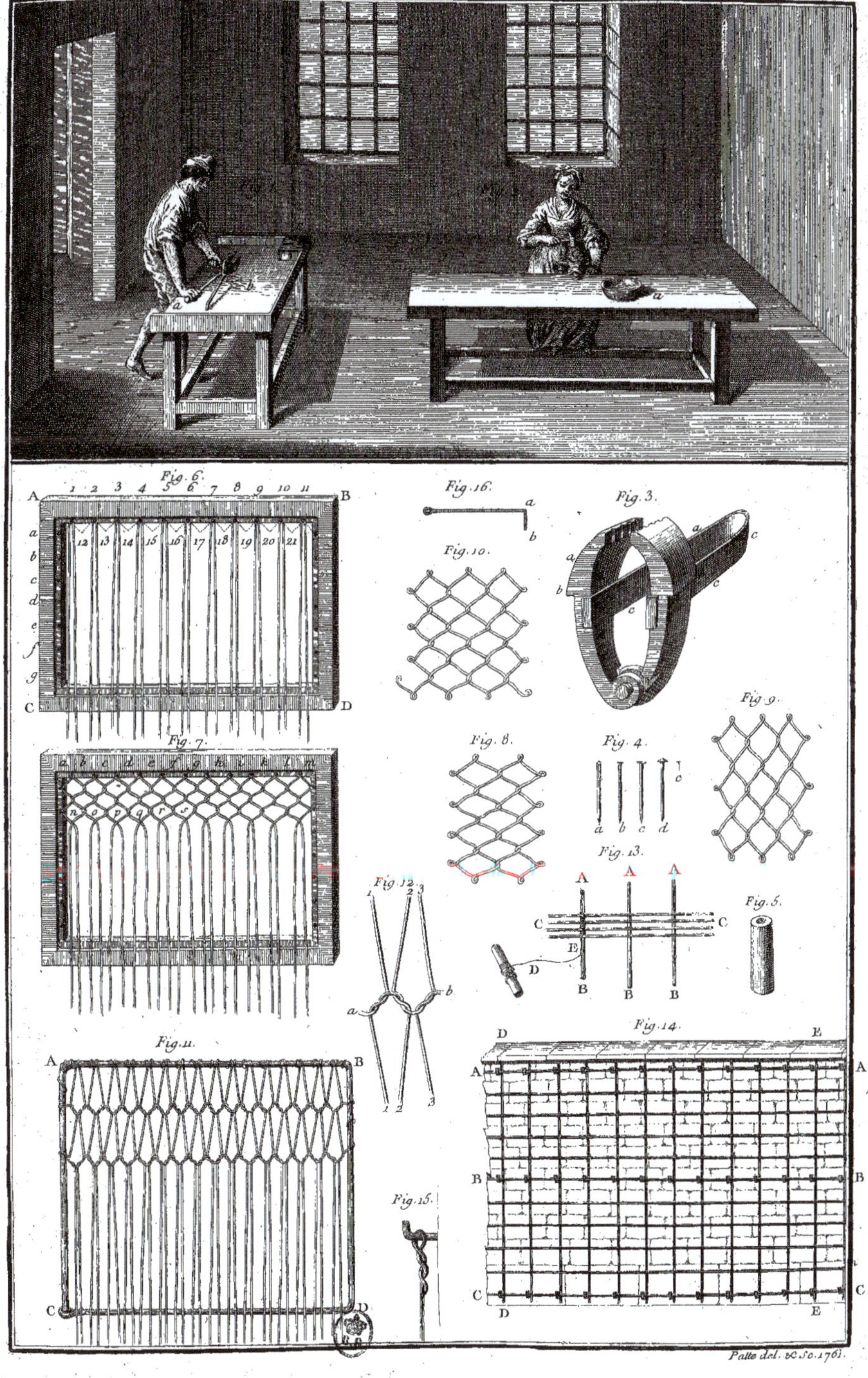

Patte del. & Sc. 1761.

www.ingramcontent.com/pod-product-compliance
Ingram Content Group UK Ltd.
Pitfield, Milton Keynes, MK11 3LW, UK
UKHW012053240726
13965UKWH00003B/1266

9 782013 057684